동백
아가씨

동백 아가씨

최경하 수필집

수필과비평사

| 작가의 말 |

엄마가 그리워 글을 쓰기 시작했다.
그렇게 처음으로 쓴 수필이 《동백아가씨》다.

엄마의 말기암 치료를 위해 서울로 올라갔다가 희망을 얻지 못한 채,
기약도 없이 대구로 다시 내려왔다.
그때 고속도로 차 안에서 숨막힌 분위기를 달래려고
엄마의 애창곡 '동백아가씨'를 불렀다.

수필은 내 마음의 통로이다.
눈물 나도록 슬픈 사연도 재미고 감동이다.
쓰면서 알았다. 글이 정신건강 주치의라는 것을.

글을 쓰면서 진정성을 배우고 군더더기 없는 삶을 익힌다.
뻔한 이야기에도 경청하는 모습을 보인다.
시나브로 글도 삶도 하나가 된다.

어릴 때 이야기, 가족 그리고 친구들과의 추억을 글로 모았다.
내 소소한 일상을 책으로 포장해보니 우습지만 그럴싸하다.
만나는 사람들에게 명함 대신에 책을 드리고 싶다.

그동안 도와주신 모든 분들께 고맙고 감사하다.
우리 가족들에게 감사하고, 훈수 달인 여동생에게도 고마움을 전한다.

2023. 08

최경하

| 차례 |

제2부 반짝반짝 작은 별

제3부 어른은 아이의 거울

제4부 어느 소녀에게 바친 사랑

제1부

동백아가씨

기른 정

동백아가씨

무더기

새댁

복돼지

돈 냄새

꿀병

참새 놀이터

공작김밥

아버지의 춤

기른 정

‘든 자리는 몰라도 난 자리는 안다’는 옛말이 간절한 요즘이다. 퇴근하고 현관을 들어서면 습관처럼 어머님 방부터 얼굴을 넣었다. “응, 어미가?” 바깥을 오가는 자식에게 오늘 하루도 편안했다는 듯 저고리 곡선처럼 부드러웠던 말씀이 밀물처럼 들어온다.

어머님이 삶의 끈을 놓으신지 달포 만에 스무 살 손자는 군대를 자원했다. 입을 떼려면 목 안부터 뻐근해져 아무런 말도 못했다. 바짓부리에 이슬이 가득 묻은 걸음걸이가 질벅거리기만 한 나날이었다. 젖만 안 물렸지 모정이 뼈 속까지 흠뻑 젖은 할머니 냄새를 뗄 재간이 없었을 것이다.

배코를 치고 입영하는 날 새벽, 손자가 할머니 방으로 들어가 평소 즐겨 입으셨던 흰 블라우스와 검정 주름치마를 곱게 개어서 챙겼다. 사십구재 막 재 때에 옷을 함께 잘 태워 달라며 꿈 이야기를 꺼냈다. 며칠 동안 꿈에 할머니하고 같이 놀았는데 그때마다 이 옷을 입고 있었다고 했다. 헤어질 때에 따라간다고 치마를 잡으니 "니는 여기 따라오면 안 된다." 그 소리에 벌떡 깼다고 했다.

눈을 뜨면서 할머니를 다시는 만나지 못한다는 엄연한 사실에 절망하고 또 절망을 했단다. 다시는 볼 수 없음에 가슴 구석이 흙담 뭉개지듯 다시 허물어졌을 것이다. 덩치만 산만한 손자가 주름치마를 움켜쥐고 얼마나 펑펑 우는지 내가 어찌할 바를 몰랐다. 꿈속에서 하셨다는 '따라오면 안 된다.'는 말이 어미인 내 마음을 얼마나 놓이게 하던지. 아마 군대에 보내는 부모의 마음이지 않을까.

군에 간 아들한테서 첫 편지가 집으로 왔다. 버선발로 받아보니 이등병들이 대부분 쓰는 '불효자는 웁니다.' 내용은 눈을 비비고 봐도 없었다. 오롯이 돌아가신 할머니를 떠올리며 쓴 눈물이 배인 그리움의 편지였다.

어릴 적, 할머니로부터 늘 받았던 밥상을 그리워했다. 할머니 젖무덤에 코 박고 잤던 날들을 지울 수가 없어 할머니의 가제손수건을 코에 덮고 잔다고 적혀 있었다. 이십여 년 간 지폈던 정을 갑자기 생가지 꺾듯이 했으니 어찌 감당이 되겠는가. 손자에게 그 손수건은 하늘과 땅을 연결하는 유일한 통로일 것이다.

할머니와 손자는 언제나 모자지간인 듯 했다. 쪼글쪼글한 핏덩이 때부터 품고 키운 손자에게는 친엄마나 마찬가지였다. 어버이날이면 가슴에 카네이션을 달아드리고, 손을 잡고 감사노래도 불렀다. 만약에 할머니가 돌아가시면 엄마가 죽지 왜 할머니가 죽었냐며 통곡할 손자였다. 그런 손자가 숨을 멈춰버린 할머니 입에 눈물콧물 범벅된 얼굴로 비비며 하염없이 울음을 토해냈다. 어른들이나 느끼는 마른하늘에 날벼락이었다.

손자는 새벽 빈소에서 소고기국에 밥 한 덩어리를 말아 달라고 부탁했다. 할머니 영정 앞에서 국밥 한 술에 영정 한 번, 눈물 한 술에 영정을 다시 올려다보며 한 숟가락씩 꾸역꾸역 퍼 먹었다. 언제나 우리 손자 밥 먹는 재미로 산다며 흐뭇하게 바라보시던 할머니였다. 손자는 발인 전날에 자신의 밥 먹는 모습을 할머니께 마지막으로 보여드렸다.

세상을 떠나기 얼마 전, 어머님 모습이 아련하다. 갑자기 생겨난 당뇨로 근육위축이 깊어 입원을 했었다. 병원 정원으로 운동 삼아 산책할 때 어머님은 내 손을 꼭 잡았다. 잡혔던 손이 너무 가벼워 들여다보니 마른 가지에 껍질만 덮은 나무젓가락 같았다. 그때 불현듯 하신 말씀이 생각난다.

"어미야, 나를 중국 여행 보냈다 생각해라."

그러면서 병원비가 겁난다고 하셨다. 순간, 나는 너무나 당황되어 헛웃음으로 얼버무렸지만 어머님의 말이 가슴속에서 떠나질 않는다.

어머님, 생전에 기르시던 화초는 제가 맡아 돌봅니다. 자주 마르는 관음죽의 잎이 마치 부채살 같던 어머님의 야윈 손을 보는 듯합니다. 화분에 물을 한 바가지 주고, 잎을 닦으며, 어머님의 기른 정을 닮아가고 있습니다.

어머님! 보고 싶습니다.

동백아가씨

올해 따라 아이들이 각자 바쁜 것 같아서 가족 휴가는 따로 계획하지 않았다. 남편과 단출히 근교에서 물놀이하고, 새벽 등산하고는 또 하루를 푹 쉬고 여유가 쏠쏠하였다. 오히려 휴식도 취하고 휴가비도 절약되었다. 휴가 마지막 하루를 해인사 계곡에 발이나 담그자며 단단한 복숭아라도 깎아 먹을 생각으로 과도 하나만 달랑 챙겨 출발했다.

88고속도로를 달리던 중, 쨍쨍하던 하늘에서 폭우가 쏟아졌다. 금세 집중호우로 앞이 보이지 않았다. 순식간의 물대포는 선글라스를 벗을 겨를도 없었다. 뉴스에서 알리는 서울의 물난리가 내려오는 건 아닌지 걱정도 되었다. 서행하던 차들이 고속도로 갓길에 줄줄이 세워졌다.

기다리는 차 안에서는 음악이 최고다. 노트북으로 티브이에서 했던 '불후의 명곡'이라는 음악을 들었다. 뮤지컬 배우인 청년이, 이미자의 '동백아가씨'를 거침없는 가창력으로 뮤지컬처럼 불렀다. 원로 가수가 부를 때는 언제나 마음 깊은 데를 울리는 소리였다면, 그 청년의 노래는 연가처럼 음조가 잔잔하게 흐르다가 차츰 높은 음으로 치달아 올라 마음을 시원하게 해주었다.

차 속에 갇혀 내가 들은 청년의 노래는 이미자 가수가 부른 이후 최고의 울림이었다. 음악에 취해 어떤 그리움에 사무치는 동안 폭우가 한바탕 소란을 피우며 지나갔다. 불현듯이 경부선 고속도로 차 안에서 불렀던 '동백아가씨'가 가슴을 후빈다.

푹푹 찌는 삼복더위 속에서 엄마의 발작기침과 견갑골 부위의 통증을 노환으로 대수롭잖게 여겼다. "길어야 3개월" 이라는 폐암말기는 최후통첩이었다. 시한부 통고로 불시에 천 길 벼랑 끝에 나앉았다. 그때서야 현대의학의 심오함을 뼈저리게 느꼈다.

항암치료의 심한 후유증 때문에 병구완조차 제대로 못 받고 몸은 산발적으로 악화되었다. 아침저녁으로 먹는 죽도 몇 번이고 숟가락을 멈추고 구역질로 눈물이 그득했다. 밥이 보약이란 옛말은 생명을 먹는다는 거였다. 삼시를 꼭꼭 찾아 먹던 엄마였다. 먹어야 산다는 말, 사람의 입을 통해 살이 되고 피가 된다는 간단한 생활이 간절했다. 눈물을 애써 감추던 엄마께 딸이 들려줄 수 있는 희망은 도무지 찾을 길이 없었다.

다시 폐를 검사받았다. 마지막 지푸라기라도 잡는 심정으로 치료 중인 엄마를 모시고 서울로 올라갔다. 그러나 항암치료에 대한 전국적 수준이 비슷하다며 계속 대구에서 치료받을 것을 권했다. 장수에 가장 큰 적은 암이라고 들었다. '아직도 의사가 어려워하는 질병은 암이구나'하는 생각이 지워지지 않았다.

항암치료로 머리카락이 한 올도 남기지 않고 모두 빠졌다. 고통을 덜기 위해 수소문해서 서울로 올라갔건만 속수무책이었다. 모두가 무너지는 마음을 둘 데가 없었다. 숨쉬기도 조심스러웠다. 수색이 가득한 모습으로 엄마는 내 얼굴만 연신 살폈다. 아니, 의미 없는 연명치료 보다는 포기가 낫다는 표정이 내 애간장을 더 태웠다.

왜 하필 내 엄마란 말인가. 일찍 혼자되어 푸른 세월을 바치고 이제는 그저 하늘 한 번 쳐다보고, 꽃도 들여다보며 살면 되지 않는가. 기대도 잠시, 희망을 찾지 못한 채 기약도 없이 대구로 다시 돌아올 수밖에 없었다.

달리는 차 안에서 꽉 막힌 분위기를 달랬다. 나는 능청스럽게 '처녀뱃사공'을 불렀다. 이어서 북받치는 목으로 '동백아가씨'를 또 불렀다.

"우리 딸 우째 이리 잘 하노? 야도 지 아버지 목청 닮았구마."

300여 km 고속도로 자동차 안에서 주로 아버지 노래를 불렀다. 여느 음악 콘서트처럼 해설을 붙여가면서 노래, 해설, 노래로 어르고 달래며 분위기를 띄웠다. 살아생전 아버지가 주로 아침밥 드시기 전에 흥얼거리시던 노래를 생각해냈다.

나는 지금껏 살면서 엄마의 노래를 들은 적이 없다. 음치 때문에 노래를 좋아하시는 아버지와 결혼했다는 전설 같은 이야기도 해설에 넣으면서 추억의 '동백아가씨'를 또 부르란다. 아버지의 레퍼토리 중에 엄마가 제일 좋아했던 곡이었다.

아버지가 오십 살도 못 되어 세상을 떠났다. 그해에 엄마의 꿈에서 아버지를 잠시 만났다고 했다.

"내가 미안타. 자식들 데리고 고생하고, 여덟에 데리러 오꾸마."

꿈속에서 만난 아버지의 유언이 지금껏 살면서 마음에 걸렸다고 했다. '여덟'이란 애매한 말 때문에 자식들을 키우면서 마흔여덟, 쉰여덟 살이 다가올 때마다 가슴이 들렸다 내렸다 했단다. 다행히도 자식을 다 키운 지금은 예순여덟이라서 죽음이 두렵지 않다고 했다. 이제는 아버지의 유언을 받아들이려는 엄마의 준비 때문에 나는 손이 벌벌 떨렸다.

해거름에 논물이 흐르는 산책길을 남편과 같이 걸었다. 논길을 지나 달맞이꽃이 무더기 져 피어 있는 모퉁이를 돌 때였다. 남편이 흥얼흥얼 콧노래로 '동백아가씨'를 부르는 것이 아닌가.

그래서일까. 피서를 다녀온 후로 남편의 애창곡은 '동백아가씨'가 되었단다. 틀린 부분을 봐달라며 그럴싸하게 부르는 가락이 천연덕스럽다. 불러도 그립고, 들어도 그리운 노래다. 투병 중인 엄마와 마지막 여정이 되었던 경부고속도로 차 안에서 가슴이 타도록 부른 애가다. 하늘에서도 듣고 있을 엄마의 분신 같은 노래다. 지금은 이 시대를 사셨던 모든 어머니를 위한 나만의 진혼곡이다.

"헤일 수 없이 수많은 밤을 내 가슴 도려내는 아픔에 겨워 얼마나 울었던가 동백아가씨……."

밤길 걸으면서 남편과 불러서인지 너무너무 목이 메인다.

무더기

사람은 누구나 가슴속에 아련한 사연 하나쯤 끼고 살지 않을까. 나는 봄볕에 자라는 정구지만 보면 물컹 올라오는 게 있다.

어릴 적 우리 집 대문 바로 앞은 온통 초록빛이었다. 난초 같은 물결이 찰랑거리는 정구지 밭은 끝이 보이지 않았다. 농막에 사는 아저씨는 눈만 뜨면 검은 긴 장화를 신고 슬렁슬렁 다니면서 퇴비도 주고, 쌀밥 같은 하얀 비료도 던져 주었다. 그러다 수확 날이 되면 어디서 데려왔는지 수많은 사람들이 나란히 앉아 정구지를 짚으로 묶어냈다. 그들의 손길은 비를 피하는 발걸음만큼이나 빨랐다. 눈 깜짝하는 사이 트럭들이 와서 정구지를 산더미처럼 실어 날랐다.

정구지를 베는 날이면 온 동네가 시끌벅적했다. 이웃 동네 사람들까지 합세했다. 사람들이 단을 묶어내는 아주머니 뒤를 따라가며 정구지의 이삭을 주웠다. 여기저기 떨어진 정구지를 줍는 열기는 어린 우리들도 예외가 아니었다. 소쿠리를 서로 들여다보면서 경쟁을 했다. 정구지를 묶어내는 어떤 아주머니는 인심을 쓰는지 아니면 적선을 하는지 몰라도 슬쩍 한 줌씩 흘려놓기도 했다. 그때는 고마움을 미소로만 주고받았다.

사람 심사가 그러하듯, 어디 남의 물건을 갖고 후하기만 하겠는가. 나는 그날도 정구지 단을 묶는 아주머니의 뒷그림자를 바짝 따라붙으며 떨어진 정구지를 주웠다. 한창 재빠르게 따라붙는데 언제 놓였는지 눈앞에 정구지 한 무더기가 꿈틀거렸다. 이게 웬 횡재냐 싶어, 나의 날쌘 오른손이 누구보다도 먼저 무더기를 낚아챘다. 순간, 뭉클한 것이 잡혔다. 그러자 누런 변이 손가락 다섯 개 사이로 즙이 되어 주르륵 밀려 나왔다.

어떤 수모를 당하든 보는 이가 없으면 그래도 속은 편하리라. 그런데 미처 소리도 지르지 못하고 범벅된 손을 쳐다보는데, 일부러 꾸민 듯 아주머니가 "으하하!" 큰소리로 웃으면서 배꼽을 잡았다. 나를 에워싼 주변 사람들이 개그라도 본 듯 폭소를 터뜨렸다. 열 명이 한꺼번에 공격을 하는 것 같았다. 나는 소쿠리를 껴안고 뒤도 안 돌아보고 집으로 줄행랑을 쳤다. 구경거리는 끝났건만 웃음은 마당까지 따라왔다.

범벅이 된 손을 정신없이 씻으면서 울음을 삼켰다. 손바닥에 배어 든 인분 냄새가 없어지질 않았고, 손톱 밑의 냄새는 한참이나 갔다. 한동안 집 안에 숨어서 꼼짝을 하지 않았다. 인분을 거머쥐었던 것도 삭이기 힘들었지만, 학교를 파하고 돌아오면 쏜살같이 뛰어가 줍던 정구지를 못 주워 더 안달했다. 그런 와중에도 엄마가 알면 안 되겠다는 생각이 들었다. 오히려 들킬까 봐 오른손을 감추고 엄마를 피해 다녔다.

딸은 엄마의 자존심이다. 만약에 엄마가 이 사실을 알았더라면 어쨌을까. 불시에 쫓아가서 그녀의 머리채를 흔들어 산발을 만들었겠지. 그러고는 당장 수돗물부터 끊었으리라. 정구지를 수확할 때마다 언제나 우리 집 수돗물을 끌어대어 그들의 식수로 사용했다. 그래도 분이 안 풀리면 똑같은 방법으로 그 무더기를 집어보라며 되갚았을 것이다.

불편한 심기가 끊임없이 따라다녔다. 애쓰는 나 자신을 위해 아무것도 할 줄 몰랐다. 어디에서든 정구지 베는 풍경을 만나면 고요하던 가슴 안에서 회오리바람이 일었다. 그럴 때마다 찰거머리처럼 붙어있던 수치심이 올라와 얼굴이 달아올랐다. 웃자니 성이 나고, 성을 내자니 우스꽝스러운 고약한 기억이다. 그날은 내 평생에 씻을 수 없는 똥 밟은 날이었다.

그러나 정구지 밭은 나의 오랜 친구였다. 겨울에는 친구들과 정구지 밭에서 운동장처럼 뛰어놀았고, 고향을 그리워할 때면 제일 먼저 등장하는 것이 정구지의 푸른 물결이었다. 비 오는 날이면 정구지 부침개가 생각나고, 날이 풀리면 새콤하게 익은 정구지 김치가 아른거려 떼려야 뗄 수가 없다. 까마귀도 고향 까마귀가 반갑듯, 악몽의 정구지라지만 볼 때마다 반가웠다.

세월이 이토록 흘러도 이해가 되지 않는다. 자식 키우는 사람이 왜 그런 장난을 했을까. 아닌 말로 딸 같은 아이에게 그런 식으로 골탕을 먹이면 안쓰럽지도 않는가. 어린아이를 가슴으로 울리는 어른은 절대로 되지 않을 거라며 울먹였던 그날이 어제 일처럼 생생하다.

오십 년이 다 되어간다. 숨겨둔 비밀을 이제야 내놓는다. 남편도, 형제도, 친구도 몰랐던 오래된 이야기다. 무엇보다 돌아가신 엄마가 이 사실을 알면 벌떡 일어날 일이다. 정구지 밭을 오가며 언제나 자식처럼 바라봤을 엄마를 생각하니 다시 서러움이 북받친다.

그런데 이상하다. 눈물을 훔쳐내고 생각에 잠기는 동안 유년의 아픔이 그리움으로 다가온다. 억지로 참고 견뎠던 시간이 놀랍게도 소중한 추억으로 여겨진다. 그러면서 누구라도 이런 아픔은 다시없기를, 마음속 깊이 흠내는 장난은 하지 말기를 주문해본다.

봄바람에 나풀거리는 정구지를 보면서 내 마음을 툴툴 털어놓는다.

새댁

부모에게 치매가 오면 낯선 곳보다는 집에서 모시면 좋다. 환자가 어느 때보다 특정한 사람에게 집착하는 경향이 있어 낯선 사람을 경계하고, 익숙하지 않은 곳에 대한 불안과 두려움을 갖기 때문이다. 그래서 새로운 환경보다는 정든 집에서 가족과 함께 사는 것이 안정적일 때가 많다.

직장 동료들과 안동하회마을로 고택체험을 갔다. 우리는 대청마루가 보이는 집으로 들어갔다. 고택은 주인이 쓰는 방까지 합하면 아주 큰 기와집이었다. 가옥의 느낌이 마치 어릴 적 시골 외갓집을 방문한 듯 편안했다. 사람들이 실지로 살고 있어서 그 느낌이 더했다. 고택체험 방으로는 주인이 거처하는 안방, 손님들이 묵는 사랑방, 머슴방이 골고루 있었다. 하룻밤 잠을 어떤 방에서 잘까 고민하다가 경비도 절약할 겸 문간 쪽으로 나란히 있는 머슴방을 택했다. 한 번도 겪어보지 못한 머슴방에서 농사일을 한 사람처럼 두 다리를 쭉 뻗고 여독을 풀었다.

다음날 아침이었다.

"에이, 도둑놈아~ 도둑놈아~ 도~둑놈아."

고택 안방에서 몸집이 아담한 할머니 한 분이 대청마루로 나와서 우리 쪽을 향해 고래고래 큰 소리를 질렀다. 아침부터 난데없는 욕설에 모두가 어리둥절했다. 사람들이 가까이 있으면 작은 소리로 대화하듯이 욕하고, 문간 밖 멀리 있으면 목을 허공으로 쭉 빼고 지붕이 날아가도록 목청을 높였다. 가만히 보니 주로 남자들에게만 눈을 꽂고 마치 원님이 '니 죄를 니가 알렷다!' 하듯이 뒷짐을 지고 호령을 했다. 누가 봐도 치매였다. 아들 내외는 숙박한 손님들 아침밥 준비하랴, 동네가 떠나가도록 욕을 하는 치매 어머니 만류하랴

경황이 없었다.

집안이 시끌시끌하자 건너편 사랑채에서 할아버지의 "어험!" 소리가 들려왔다. 할아버지의 헛기침 소리에 신통하게도 서슬이 퍼렇던 할머니가 금방 잠잠해졌다. 누구의 말에도 콧방귀만 끼고 도둑 잡는 데만 쏠려 있던 할머니였다. 지아비의 신호음이 울리자 얼굴을 발그레하게 붉히며 꽃다운 새색시처럼 수줍어했다.

치매환자는 오래전의 기억이 남아 있다. 할머니가 치매로 인해 다시 새댁이 되어 기억하고 있는 것은 훤칠한 신랑이었다. 알고 보니 할아버지의 직업이 형사였단다. 내조를 했던 기억이 강하게 남아서인지 남자들만 보면 도둑으로 오인하고 언성을 높인다고 했다. 치매 증상을 이해는 한다지만 졸지에 도둑으로 몰린 남자 손님들은 황당해했다. 쩔쩔매는 남자 손님들을 대할 때마다 고택 주인은 민망하기 그지없다고 했다.

하회마을 할머니처럼 자식과 남편이 있는 곳에서 치매를 앓는 사람은 괜찮은 편이다. 할아버지의 헛기침 소리에 의지하고 자식의 보호 속에서 사는 할머니는 행복한 처지다. 같은 치매 증상이었지만 요양원에서 지내다가 돌아가신 큰어머니 생각이 났다.

우리 내외가 인사차 요양원에 갔을 때 낯선 사람 보듯 어리둥절해 하는 큰어머니께 작은집 조카라고 말씀드렸다.

"그래, 작은집 애구나, 참 많이 컸네."

큰어머니는 남편을 아직도 들에서 뛰어노는 어린아이로 여기고 있었다. 붙들고 있는 기억이 예전 시골집에서의 새댁이었다. 겨울에 한 달만 피는 애기동백처럼 상기된 얼굴이 시집온 각시처럼 활짝 피어 있었다.

층층시하 시집살이 새댁으로 돌아간 까닭은 무엇일까. 근 오십 년을 종부로 사셨던 본분을 어떻게 잊으셨을까. 그 많던 가정사는 어떻게 다 손 놓았을까. 오롯이 새댁 시절의 기억으로 남은 것은 여인의 일생에서 그때만큼 가슴 벅찬 시절이 없기 때문일까.

큰어머니가 낳은 첫 딸이 기저귀를 뗄 때쯤, 큰아버지는 첨예했던 좌우익의 유혈 충돌 사건에 휘말렸다. 집안의 종손인 큰아버지는 더 이상 피신이 어렵게 되자 기약도 없이 야반도주 했다. 어쩔 수 없이 생이별이 된 후, 큰아버지는 멀리서 딴 살림을 차려 제삿날에나 다녀가는 처지가 되었다.

두 분은 오작교 연인처럼 서로 그리워하면서도 세월의 사정으로 반백 년을 그러려니 하며 살았다. 큰어머니는 반쪽 사랑에도 살다 보니 살아졌을까. 청상과부나 진배없는 겨울밤은 얼마나 길고 서러웠겠는가. 띄엄띄엄 오는 지아비를 손님 대하듯 보낸 긴긴 세월이었다. 그러면서 돌아오는 제삿날을 손꼽아 기다리는 모습은 여염집 아내이기도 했다. 그런 와중에 낳은 자식이 무려 오남매였다.

가만히 돌이켜 보면, 큰어머니는 집안의 뿌리를 목숨처럼 여기셨다. 굴속에서 생활 하듯 나서지 않고 인내로만 살았다. 장손의 며느리로 본분을 다하기 위해 오직 자식 농사에만 전념했다. 그리고 가정의 화목이 먼저라며 새댁 때부터 정화수 기도를 수없이 올렸다. 한 여인에게는 미안하지만 조용한 가정을 지키기 위해서는 배다른 아이가 제발 생기지 않기를 백 번이고 천 번이고 빌었단다. 자식은 하늘이 내린다고 했던가. 하늘도 당신 편에 섰는지 작은댁에게서 아이가 생기질 않았다.

요양원에서 지낸 큰어머니는 외로움을 타다가 치매가 더 심해진 것 같았다. 하회마을의 할머니처럼 정든 집에서 편하게 살았으면 호전을 보았을지도 모를 일이다. 백발이 성성해도 청춘의 기백으로 사는 하회마을 할머니가 오히려 부러웠다. 종가를 버리고 요양원에 있을 수밖에 없었던 큰어머니 앞에서 두 노인의 온도 차가 가슴 안으로 깊숙이 들어온다.

복돼지

눈을 번쩍 떴다. 알람이 울리지도 않았는데 잠에서 깨었다. 옆자리 남편도 눈을 떴다. 같이 일어난 셈이다. 평소보다 한 삼십분 일러서 뭉그적거렸다. 옆으로 얼굴을 돌려보니 기분이 좋은지 남편이 혼자서 웃고 있었다.

꿈을 꾸었단다. 그것도 얼굴이 하얗고 토실토실한 복돼지였다. 화들짝 놀랐다. 시집간 딸은 이미 만삭이고 여러 사람이 태몽을 들고 나왔기 때문에 태몽은 아닐 것이다. 그럼 재물이 들어올 꿈이 아니던가.

바싹 다가들며 자세히 말해 보라고 했다. 복권을 사야겠다고 호들갑을 떨었다. 복돼지 꿈은 확실한데 옆에 누가 있었다고 했다. 아무리 생각해도 복스럽게 생긴 개라고 했다. "에이, 개판쳤네."라며 아쉬워했다. 해몽은 성급히 했으나 미련을 지울 수가 없었다.

아침 출근시간이라 잠시 꿈 이야기를 접어두고 각자 할 일을 했다. 출근을 하면서 꿈속의 개는 생각나지 않고 통통한 복돼지 얼굴이 자꾸 떠올랐다. 그 덕분인지 콧노래를 부르며 하루가 후딱 지나갔다.

퇴근 후 저녁밥을 지었다. 인근에 살고 있는 딸이 들어왔다. 쓱 지나가는 말로, 요 앞에서 직장 동료를 만났다고 했다. 이 동네로 이사를 했다는 동료는 올해 새로 구입한 세탁기가 너무 커서 이사한 집에 맞지 않다고 했다. 구입한 가전회사에 수거 부탁을 하니 구입가격의 10%만 보상이 가능하다고 한다며 너무 아까워서 이사 나온 집에 그대로 두었단다.

나는 귀가 번쩍거렸다. "그 세탁기 내가 사꾸마." 손가락을 브이로 보이며 두 배를 주겠다고 했다. 당장 연락해보라고 다그쳤다. 아침에 있었던 복돼지 꿈 이야기를 꺼냈다. 그러면서 그 동료가 큰집으로 이사를 가기 때문에 세탁기에도 복이 묻어 있을거라며 웃었다. 어릴 적에 '부잣집 농을 사면 재물복도 같이 따라 들어온다'는 어른들 말을 들은 적이 있다.

순식간이었다. 딸의 도움으로 세탁기가 아주 쉽게 성사되었다. 사용 중인 세탁기는 시집 간 딸이 초등생일 때 구입한 거라 교체하고 싶었지만 세탁기가 워낙 비싸서 망설이던 참이었다. 이렇게 쉽게 신제품 세탁기를 턱하니 들인다고 생각하니 일이 손에 잡히지 않았다.

남편의 복돼지 꿈 덕분이다. 개판을 쳐도 이 정도인데 만약에 꿈속에서 개가 없었더라면 우리 집에 무엇이 들어왔을까? 하여간에 가만히 있는 개를 그렇게 홀대해서 미안하게 생각한다. 아울러 복돼지랑 개, 딸의 동료에게 감사의 마음을 전한다.

돈 냄새

시커먼 구름이 하늘을 덮더니 아침부터 장대비가 쏟아졌다. 우천 일기예보는 미리 있었지만 말이 없던 하늘에서 이렇게 많이 쏟을 줄 몰랐다. 날씨 때문인지 찜질방에는 아주머니들이 삼삼오오 놀러 와 있었고 가족끼리 온 사람도 제법 있었다.

여동생과 토굴 속으로 들어갔다. 황토색 복장으로 수건 한 장 두르고 무릎을 맞대어 앉았다. 모진 뜨거움을 견디고 있는 이름도 성도 모르는 얼굴들과 동료애가 느껴졌다. 그들은 '버티기' 경쟁이라도 하는 듯 한참 동안 앉아 땀을 흘리고 있었다. 나도 맞서 버티었다. 기분 좋게 황토방과 맥반석 방을 교대로 오가며 굵은 땀을 제대로 흘렸다. 허리 신경통이라도 고치려는 듯, 분주하게 들락거리다가 본전을 뽑았다 싶을 때 우리는 나왔다.

집으로 돌아오는 중, 동생에게 비도 오는데 칼국수나 먹고 가자고 했다. 순간 칼국수 말이 채 가시기도 전에 찜질복 바지에 넣어둔 만 원이 생각났다. 동생은 그만 포기하자고 했지만 나는 그럴 수가 없었다.

얼른 차를 돌려 그 찜질방으로 다시 갔다. 주인에게 양해를 구하고 세탁물 창고로 가보니 그새 포대자루가 세 개나 나와 있었다. 분명히 돈이 어딘가에 있을 것이라고 확신했다. 동생과 나는 눅눅하고 땀 냄새 진동하는 찝찝한 반바지와 윗옷을 분류하며 돈을 찾기 시작했다. 바지 주머니를 꾹꾹 잡으며 뭔가 만져지는 느낌을 찾기 위해 바통 넘기듯 손을 놀렸다. 빈자루로 옮기며 하나하나 만지는 손놀림 외에는 다른 방법이 없었다. 땀내가 진동했다.

세 번째 포대까지 뒤지면서 운수가 참 없다는 생각이 들었다. 마지막 포대까지 더러운 땀 냄새를 맡고 있으니 말이다. 밑바닥이 보일쯤이었다. 오른손 안으로 무언가 가닥이 잡히는 느낌이 왔다. 애써 찾던 만 원짜리였다. 찾아낸 지폐를 쥐는 순간 나는 퀴퀴한 그 냄새에 매료되어 야릇한 행복을 맛보았다.

사춘기 시절, 우리 가족은 단칸방에서 복닥복닥하게 생활했다. 구들 장판이 미처 덥혀지지 않은 추운 겨울밤이면, 차가운 이불 속에서 우리 형제는 장난을 치며 놀았다. 아랫목으로 옹기종기 포갠 발로 싸우면서 성장선이 자랐다. 또한 밤잠을 청하면서 낮에 놀았던 이야기를 서로 내놓았다. 학교로 가져 갈 돈을 엄마한테 얘기하고 약속 날짜도 받았다. 일명 이불속 가족회의였던 셈이다.

엄마는 밤낮없이 바빴다. 노는 손에 콩나물이라도 다듬는 부지런한 엄마였다. 그 당시, 가내공업으로 흥행하던 손뜨개를 주문받아 새벽부터 밤까지 일을 했다. 뜨개질 한 물량은 동네 인근에서 엄마의 공임이 가장 많았다. 그것만으로는 모자라 방 세 칸과 툇마루 끝에 딸린 다락방까지 월세를 놓아 식구들의 생계를 꾸렸다.

방문을 열면, 좁은 마당은 언제나 시끌벅적했다. 재래식 변소가 대문 밖으로 나와 있었다. 날이 밝으면서 아침에는 서로 눈도장을 찍으며 용변 볼 순서를 기다렸다. 부엌방에 사는 태권도 사범 오빠가 나오면 나는 꾸르륵꾸르륵 끓는 배를 움켜쥐고 다시 부엌에 숨기도 했다. 천장에 약봉지를 조롱조롱 매달아 한약방을 하시는 머릿방 할아버지도 아침에는 출근이 바쁜 사람들을 위해 양보했다. 이사 온 지 얼마 안 된 옆방 친구가 오밤중에 용변을 볼 때면 나는 화장실 문 앞에서 노래를 불러주며 기다려 주었다.

중학교 여름방학 때였다. 대낮이라 변소가 조용하여 마음 놓고 삼국지 만화를 들고 들어가 앉았다. 그런데 이게 웬 떡인가? 무심코 밑을 보는 순간, 세종대왕 얼굴이 반쯤 접힌 백 원짜리 지폐가 변 위에 착 앉아 있었다. 눈이 번쩍 뜨였다. 그러나 변소 푼 지가 얼마 되지 않아서 팔 길이로는 턱이 없었다. 3초간 묵념 후, 잠시 숨을 멈추고 얼굴을 그 곳으로 쭉 밀어 넣었다. 구역질이 몇 번 올라오다가 겨우 가라앉았다. 다시 불집게로 아슬아슬하게 건져 올린 돈을 수돗가에서 씻어 신문으로 닦고, 부채질을 살살 하면서 햇볕에 말렸다. 본래의 돈 냄새는 없어지고 역겨운 냄새만 있었다. 나는 지폐를 펴서 대 옥편 속에 끼워 넣었다.

남들 같으면 변 냄새난다고, 오동통하게 오른 구더기를 보고 기겁을 하고 포기했을 수도 있는 돈이었다. 그 당시 백 원이면 일주일 용돈이었고, 통학 버스비가 십오 원일 때여서 적지 않은 돈이었다. 지폐가 무사한지 짬짬이 내어보면서 지낸 시간들이 얼마나 좋았던

가. 사춘기 시절, 숨겨 놓은 비상금은 나 혼자만 누리는 행복이었다.

큰 사전 속에서 오랜 세월 보내고 있었던 백 원짜리 지폐를 신접살림 날 때 소지품 속에 넣어 데려왔다. 생각날 때마다 꺼내서 비밀스러운 돈 냄새를 맡아본다. 세월을 먹어갈수록, 내 장지갑 속에서 수십 년을 동행하고 있는 것만으로도 즐겁고 행복하다. 아주 소박한 것도 오래 품고 보니 보물이 따로 없다. 지금은 내 행복을 지켜주는 부적이 되어있다.

꿀병

오월이면 아카시아 꽃이 지천으로 피어난다. 산에도, 들에도, 꽃향기가 자욱하다. 나는 아카시아 향기를 만나면 몸 안으로 깊숙이 심호흡을 하는 버릇이 있다. 그리움을 찾아서다.

처음에는 빈 꿀병을 주워오는 어머님께 짜증을 냈다. 아무리 소독을 깨끗이 한다 해도 찝찝하다며 툴툴거렸다. 빈병을 주워서 재활용하는 생활이 궁상맞다면서 친정 엄마한테 하듯이 했다. 그럴 때마다 내 불평은 아랑곳하지 않고, 어머님은 주워 온 병뚜껑에 이름까지 비틀비틀 써 놓았다.

어느 날, 분리수거함에서 주워 온 꿀병을 마지못해 씻고 있었다. 병을 씻고 있는 나를 보고 놀러 오신 번개 할머니가 툭 한마디 던지셨다.

"우리 며느리는 꿀도 유통기한 넘었다고 수북이 내다 버렸다."

누구는 빈병도 주워 모으는데 아까운 꿀을 쓰레기로 만들었다며 며느리를 타박하는 듯했다. 하기야 먹는 음식을 버리게 되었으니 노인 마음에 얼마나 아까웠을까. 그래도 나는 속으로 뜨끔했다.

번개는 할머니의 알밤 같은 손자 이름이다. 번개의 원래 이름은 '범래'이나 경로당 어르신들의 발음 때문에 불리는 애칭이다. 어머님과 갑장인 번개 할머니는 내가 새댁일 때부터 우리 집에 종종 놀러 오셨다.

순간 양봉하는 사람에게서 들은 말이 머리를 스쳤다. 꿀은 그 자체가 방부제이기 때문에 유통기간이 없다는 것이다. 그러나 식품으로 유통하면서 규정에 의해 유통기한을 기재한다고 했다. 그 길로 번개 할머니 몰래 분리수거장으로 나가서 꿀단지 서너 개를 얼른 주워 왔다. 졸지에 공짜로 얻은 아카시아 꿀은 차를 마실 때나 밑반찬을 할 때에도 은은하고 달콤한 역할을 했다.

나도 모르는 사이에 어머님을 닮고 있었나보다. 언제부터인가 내가 병을 주워서 유용하게 사용하고 있었다. 초장, 간장, 매실 담근 날짜가 적힌 글들을 선반에 줄을 맞추어 올려놓으면 모범생처럼 반듯했다. 장醬을 나누어 먹을 때는 다른 어떤 병보다 깔끔하게 담겼다. 번개 할머니도 나의 이런 모습을 보고 손끝이 야무지다며 민망할 정도로 칭찬을 했다.

그러던 어느 날, 번개 할머니가 척추 골절로 꼼짝을 못하게 되었다. 사춘기 소녀처럼 매일 붙어다니던 두 노인이었다. 손자 키우기부터 집안일을 서로 도우며 의지한 사이였다. 적잖이 놀란 어머님은 거의 매일 간호하다시피 번개 할머니 댁을 들여다봤다.

사람일은 한 치의 앞을 모른다고 하던가. 시간이 지나자 번개 할머니는 별 탈 없이 차차 일어나셨지만, 오히려 어머님께서 담석증으로 복통을 호소하다가 갑자기 입원을 하셨다.

어머님이 퇴원 준비를 할 때였다. 담당의사가 병실로 와서 느닷없이 패혈증 증상을 우려했다. 밤새도록 수액을 맞았는데도 소변이 한 방울도 안 나왔다는 것이다. 환자를 중환자실로 옮겨 가까이에서 관찰하겠다고 했다.

아침 연속극을 보시던 어머님은 황당한 표정으로 이거라도 마저 보고 가자며 손사래를 쳤다. 병원에서는 의사의 지시가 내려지자 생각할 겨를도 없이 응급환자인 양 막무가내로 사람을 옮겼다.

어머님은 기겁을 했다. 정신이 초롱같은 사람을 중환자실에 강제로 눕혔으니 공포에 떨 수밖에 없었다. 사방에서 들리는 신음소리, 우르르 몰려오는 의료진, 유령처럼 누워 있다가 수시로 운명을 달리하는 침상을 쳐다보자니 생지옥이 따로 없었다. 소변이 막혀 중환자실로 옮겼다는 설명을 들은 어머님은 침상에서 벌떡 일어났다.

"내 오줌 누고 싶다. 오줌 누면 될 거 아이가?"

오줌을 누겠으니 여기서 내보내만 달라고 했다. 그 말씀만 되풀이했다.

나는 직감으로 중환자실을 벗어나기가 어렵겠다는 걸 느꼈다. 구세주로 여겼던 자식의 표정을 쳐다보시다가 애원하던 소리를 멈추었다. 어머님의 체념을 보는 순간 심장이 쿵, 내려앉았다. 결국 어머님은 두려움에 떨다가 링거 줄에 매달려 서서히 깊은 잠에 들고 말았다.

요즘에는 빈병을 보면 내가 먼저 주워 오는 모양이 되었다. 외곽지에서 전원생활을 하고부터는 부쩍 차茶에 관심이 많아졌다. 뽕잎, 감잎 그리고 목련나무에 꽃봉오리가 올라오면 손질하여 바람 잘 통하는 창틀에서 말린다. 속살이 훤히 들여다보이는 병에 종류대로 담아서 한 해 동안 먹을 차를 보관한다.

오월이면, 아카시아 향이 기다려지고, 빈 꿀병이 생각나고, 병뚜껑 위에 눌러 쓴 까만 글씨가 꼬불꼬불 기어 다닌다.

아카시아가 날리면 어머님이 생각난다.

참새 놀이터

봄은 기다린 만큼 따뜻했다. 마당에는 들깨를 소복이 뿌려 놓은 듯 잔디 씨앗이 까마득히 잉태했다. 봄을 물고 온 참새들이 잔디 위를 날면서 나직하게 평행선을 만들었다. 그러다가 잔디에 부리를 박고 무엇인가를 꼭꼭 물었다. 정신없이 박더니 현기증이라도 나는 듯 매화나무에 앉았다. 연약한 참새들을 보면서 무엇인가가 자꾸만 눈에 밟혔다.

전원주택을 지어 섣달 단대목에 이사를 왔다. 거실에는 벽난로를 설치했다. 거실의 높은 천장 때문에 연소통이 꽤나 길었다. 지붕 위에서 하얀 연기가 폴폴 오르면 전원주택의 정취가 물씬 풍겼다. 난로에 둘러앉아 먹는 군고구마는 최고의 즐거움이었다.

봄이 오자 제일 먼저 난로 청소부터 말끔히 했다. 유리로 되어 있는 난로 문을 반질반질하게 새것처럼 닦았다. 그런데 청소한 지 얼마 되지 않아서 생각지도 못한 일이 벌어졌다. 참새 두 마리가 난로의 유리 안에서 요동을 쳤다. 참새가 저 높은 지붕 굴뚝에서 놀이기구를 타듯이 어두운 긴 터널로 쪼르르 아래로 떨어졌다. 좁은 난로 안에서 날개를 접었다가 펴고, 폈다가 접으며 몸부림을 쳤다. 조막만한 참새가 잠시도 그냥 있지 않고 굴뚝 밖으로 나가려고 머리를 쿵쿵 박았다.

가슴이 철렁했다. 난로 유리문을 급히 열자 참새는 순식간에 거실로 튀어나와 통유리 창과 벽을 박으며 온몸이 망가진 상태로 실신했다. 뇌진탕이란 생각이 들었다. '어어!' 하는 순간에 또 한 마리가 굴뚝에서 떨어졌다. 하늘을 날아다녀야 할 새가 내 집 난로 속으로 들어와 손쓸 겨를도 없이 죽었다.

다음날은 어이가 없게도 참새 몇 마리가 한꺼번에 들어왔다. 또 다른 참새들이 굴뚝 속으로 들어왔던 것이다. 당황한 나는 오직 살려야겠다는 생각만으로 또 다시 난로 유리문을 덜컥 열었다. 튀어나온 참새가 높은 천장을 날면서 거실 안에서 깃털을 뿌렸다. 놀란 참새들이 출구를 못 찾아 여기저기 박아대다가 두 마리는 실신을 하고 한 마리만 열어 놓은 거실 창문으로 무사히 탈출했다.

벽난로를 구입한 회사에 상황을 알렸다. 전화를 받은 직원은 태연했다. 굴뚝이 있는 전원주택 건축주들이 봄만 되면 똑같은 사건으로 전화가 빗발친다고 했다. 호기심이 많은 참새들이 겁도 없이 굴뚝 안으로 들어와 못 빠져나가는 흔한 일이라고 했다. 방법은 난로를 때지 않는 계절에는 지붕 위에 올라가서 철망으로 굴뚝을 감싸주라고 했다. 지붕 외관은 별로지만 그 방법밖에 없다며 요란 떨 일이 아니라는 듯 알려 주었다. 직접 현장을 목격하지 않아서인지 참새가 죽는 것에 애달파하지도 않았다.

회사에서 알려 주는 방법으로 급히 작업을 했다. 굴뚝까지의 높이가 상당했다. 3단 사다리를 타고 후들후들 떨면서 높은 지붕 위로 올라갔다. 굴뚝의 구멍을 철망으로 촘촘히 둘러쌌다. 작업을 마치고 내려와서 굴뚝 위를 올려다보니 현기증이 났다. 봄에는 철망을 입히고 겨울이 오면 다시 철망을 벗기는 번거로움이 있지만 다행히 참새의 접근을 막을 수 있었다.

난로를 때고부터 재의 효능을 알았다. 난로를 청소하다가 문득 태운 재를 유심히 들여다보았다. 나무를 태운 재를 거름으로 쓴다고 했다. 식물에 이로운 성분을 많이 함유하고 있기 때문에 퇴비대용으로 사용했다. 볏짚을 태우고 재가 남은 자리에 벼나 보리를 심어 보면 벼 알도 많이 붙고 잘 여물었다. 식물도 마찬가지다. 재를 뿌린 자리에는 유난히 키가 크고 새파랗다.

다시 봄이 왔다. 재가 품고 있는 성분에서 냄새가 조금 달랐다. 호기심이 났다. 일단, 난로 속의 재를 그대로 두었다. 굴뚝에도 철망을 입히지 않고 참새의 후각을 믿어보았다.

아니나 다를까, 희한한 일이 나타났다. 마당에는 참새들이 재잘거리며 날아다니건만 굴뚝 근처에는 얼씬도 안 했다. 참새들이 무엇인가 냄새를 맡았다는 것이다. 그렇다면 굴뚝에서 어떤 냄새가 났을까. 나무를 태운 재에서 탄소가 나온다는데 그것 때문이었을까. 좌우지간 참새들은 굴뚝 속으로 들어오지 않았다. 참새가 죽어나가는 일은 더 이상 없었다.

이것이다, 싶은 생각에 가슴이 뛰었다. 당장 난로회사에 전화를 했다. 작년부터 올해까지 있었던 참새 사건을 다시 일목요연하게 알렸다. 나는 전화를 하면서 참새를 살리는 해법은 바로 나무를 태운 '재'라며 단호하게 말했다.

윤무부 새 박사는 어느 강연에서 "새는 새대가리가 아니다." 라고 연설했다. 가만히 생각해보면 네비게이션도 없이 먼 나라로 철마다 이동하는 새들이 참 놀랍다. 무릇 귀소본능 이전에 새의 머리가 어느 정도는 있어야 된다는 말이 아닐까.

새파란 잔디마당에는 하얗고 빨간 꽃들이 하늘하늘하다. 열매가 가득한 나무에는 엄마참새 애기참새가 나란히 앉았다. 영문도 모른 채, 지금까지 돌아오지 않는 가족을 기다리는 듯 짹짹 거리는 참새들에게 다가가 속삭였다.

"얘들아, 굴뚝은 너희들 놀이터가 아니란다."

공작김밥

동생들과 밥 한 끼 먹는 날이다. 약속한 시간이 늦을 것 같아 꽤나 바쁘다. 서둘러 어묵을 구워서 달짝지근하게 조림하고, 계란은 곱게 채썬다. 당근도 채썰어 적당히 볶아내고, 다진 고기로 속을 가득 채운 김밥이 바로 오늘의 메뉴다.

공작 깃 모양이라서 '공작김밥'이라고 내가 붙인 이름이다. 김을 반 잘라서, 흰밥을 펴고 속이 양 끝에 삐죽이 내밀도록 소복이 얹어 도르르 싼다. 너비가 좁아 김발 없이도 잘 말아진다. 썰지 않고 그냥 손가락으로 집고 베어 먹으면 재미도 있다.

내가 싼 공작김밥이 인기가 많다. 등산이나 여행갈 때면 끼닛거리로, 모임에 갈 때도 김밥을 종종 들고 다닌다. 승용차로 먼 길을 이동할 때 간식으로 김밥하고 생수 한 병 챙기면 인기 만점이다. 그러다 보니 맛을 본 주변에서 공작김밥을 은근히 기다리는 눈치다.

김밥을 찬합에 차곡차곡 담아 동생네 집으로 향했다. 고속도로를 달리는 버스 안에서 창밖 하늘을 바라보았다. 밝은 햇살 속에서 한줄기 구름이 내려오는 걸 보았다. 그때였다. 갑자기 해맑던 하늘에서 먹장구름이 나타나 파도처럼 살아 움직였다. '어!' 하는 순간에 소낙비가 쏟아졌다.

버스 종착지가 턱 밑이건만 우산을 꺼내는 사람이 없다. 마침 앞에서 한 청년이 긴 우산을 지팡이처럼 짚고 내릴 준비를 했다. 나는 지하철 입구까지만 씌워 달라며 톡톡 어깨를 두드렸다. 때맞추어 버스 기사가 마이크를 들었다. 우산 있으신 분들은 함께 쓰고 내리자는 안내 방송 때문에 버스 안 분위기가 동동 떠다녔다.

떨어지는 빗방울이 땅에서 분수 구멍처럼 발 위로 솟아올랐다. 워낙 거센 폭우라 우산이 제법 큰데도 김밥을 안은 내 어깨와 신발은 금방 젖었다. 오직 찬합만 신주단지처럼 품고 우산 속으로 파고들었다. 조금이라도 덜 젖으려고 아들 같은 청년한테 팔짱을 끼고 기대었다.

튀어 오르는 물방울을 피하면서 종종걸음으로 따라 붙일 때였다. 발밑에서 축축이 접힌 만 원짜리가 빗물에 꼼짝을 못하고 담겨 있었다. "어! 만원 주웠다. 청년 주라고 하늘에서 떨어졌네요." 반사적으로 돈을 주워서 청년 손에 주었다. 순식간에 일어난 일이라 청년도 얼떨결에 목례만 하고 반대쪽으로 가고, 나도 지하철 입구로 뛰어갔다.

지하철 의자에 앉자마자 숨을 고르며 눈을 감았다. 잔잔한 감동이 가슴에 차올랐다. 비록 주운 돈이지만 뜻밖에 고마움을 전하게 된 것 같아 기뻤다. 굵은 빗물에 맥도 못 추고 오롯이 젖어있던 종이돈 위에, 땀에 절인 또 다른 만 원짜리가 가슴을 적신다.

엄마가 돌아가시고, 베개 속에서 만 원짜리 서너 장이 납작하게 나왔다. 요 밑에서도 풀칠한 것처럼 지폐가 군데군데 붙어있었다.

온갖 냄새가 녹아 있던 그 만 원짜리가 콧속으로 찡하게 들어온다.

"너어들, 밥 자주 먹으래이."

엄마를 닮아 유난히 두꺼운 내 손을 잡고 남긴 마지막 유언, 강산은 변해도 엄마 말은 영원하다.

아버지의 춤

가볍게 걷는 논길은 편해서 좋다. 논에서는 초록의 싱그러움이 가득해 눈을 돌리는 곳마다 추억이 다가온다. 정구지 밭 같기도 하고 어느 잔디구장처럼 함성소리가 들려오는 듯하다. 개구리들이 목이 쉬어라 앞 다투어 울고 있다. 암컷은 가장 우렁차고 왕성한 힘을 가진 수컷을 택한다. 개구리도 목소리 큰 놈이 이기는가 보다.

논길을 지나 공원에서는 서로 맞춰가며 걷는 노부부, 만보기 달고 속보로 걷는 젊은 부부, 꼬리를 흔들며 쫄랑쫄랑 쏘다니는 흑백의 강아지, 짝지은 모습들이 눈길을 잡는다. 사람들 틈으로 아이들이 뛰어간다. 맨 앞에 토끼처럼 뛰어가는 여자아이의 납작한 단발머리가 내 꼬리를 문다.

우리 집 대문을 열면 손이 닿을 거리에, 넓디넓은 정구지 밭이 펼쳐져 있었다. 어디가 끝인지도 모르는 들녘을 매일 바라보았다. 자로 잰 듯 줄선 밭고랑으로 봄물이 흐르면 봄을 맞이했고, 밥풀처럼 나온 하얀 정구지꽃이 만발하고 하늘을 폴폴 날아야 보이는 흰나비를 잡으면서 여름인 줄 알았다. 풀 한 점 없이 흙더미만 군데군데 피어있으면 우리들의 세상 겨울이었다. 한겨울에 파고드는 한기 속에서도 밭에서 뛰어놀면 이마에는 방울땀이 맺혔다.

내가 뜀박질 잘하기로 소문이 난 것은, 어릴 적에 달리기 놀이를 많이 했기 때문일게다. 만 평이나 되는 정구지 밭이 울퉁불퉁해지면 '국민교육헌장'을 유행가처럼 부르며 빙글빙글 돌았다. 우리들은 저녁밥을 먹고도 약속이나 한 듯이 다시 모여 고삐 풀린 망아지처럼 달렸다. 그러다 지치면 벌렁 누워, 어두울수록 더 빛나는 일곱개의 별을 찾아 밤하늘에 국자 모양을 그렸다. 어떤 날은 밤이 이슥하도록 혼자서 미친 듯이 뛰었다. 그런 정구지 밭이 나에게는 놀이

터였다.

초등학교 가을 운동회는 동네의 잔치였다. 전교생 오천여 명과 가족, 친지 모두가 모이면 만 명에 육박하여 학교 운동장에서는 역부족이었다. 학생들은 청백의 머리띠를 두르고 삼십여 분쯤 걸리는 시민종합운동장으로 향했다. 체육복과 하얀 실내화를 일제히 신고 구국 행렬처럼 구령에 맞춰 행진했다. 목청 높인 교가와 가두 행렬이 펼쳐져 가슴을 미리 달구었다.

관중이 만여 명이나 되는 운동회의 하이라이트는 선수들이 마지막에 뛰는 백 미터 달리기였다. 드디어 내 차례가 왔다. 가족들이 보이는 관중석을 향해 한번 올려다본 후, 화약 냄새가 진동하는 총성과 동시에 용수철처럼 튕겨나갔다. 가속이 붙자 단발머리 휘날리며 일등을 향해 뛰었다. 그런데 이게 웬일인가. 바로 옆에서 내 자리를 넘보며 뛰는 악바리가 있었다. 우리 둘은 마치 쌍두마차로 달리는 투사처럼 결승점을 향해 나란히 뛰었다. 만 명의 함성 속에서, 만 평의 정구지 밭에서 날던 속력으로 심장이 터질 듯 질주했다. 촌각을 다투는 마지막에서였다. 평창을 달구었던 쇼트트랙 선수가 발을 먼저 내밀 듯이 나는 허리가 꺾어지도록 배를 앞으로 내밀어 결승 테이프에 먼저 터치시켰다. 신이 내린 일등이었다.

구름 같은 관중석에서 벌떡 일어나 춤을 추는 사람은 분명 아버지였다. 노래를 즐겨 부르는 것은 봤지만 춤추는 모습은 처음 보았다. 벌겋게 일등 도장이 찍힌 두 팔로 아버지를 향해 흔들었다. 나는 작은 몸집을 높이뛰기 하면서 엄지로 일등 사실을 한 번 더 알렸다. 응원 단장처럼 멈추지 않는 아버지의 신명 난 춤사위를 보면서 가슴 한구석의 응어리가 꿈틀거렸다.

운동회를 마치고 집에 돌아오니 아버지는 나를 업고 마당을 빙글빙글 돌았다. 구름 위를 걷는 기분이었다. 덩실덩실 춤을 추는 아버지 등 뒤에서, 나는 밥을 안 먹어도 배가 고프지 않다는 것을 처음으로 알았다. 하지만 또 다른 아버지 모습을 생각하면 병 주고 약 주는 것 같아서 싫었다.

아버지가 변했다. 아침이면 발가락으로 자식들 다리를 꼬집으며 기상을 재촉하던 장난끼가 사라졌다. 한 번도 빠짐없이 간식 봉지를 들고 오던 퇴근길이 없어졌다. 자식들의 아침저녁을 보살피던 아버지의 모습은 어디로 갔는지 알 길이 없다. 고작 막걸리 한 병에 취했다. 술을 드시면 집이 떠나가도록 노래를 불러 골목 사람들을 다 끌어모아 집안 꼴을 우습게 만들었다. 그 후로 나는 아버지에게 어떤 것도 고분고분하지 않았다.

비가 오락가락 하던 어느 봄날이었다. 옆방에 사는 서울새댁이 가출했다며 신랑이 아이처럼 엉엉 소리 내어 울었다. 그가 이사 온 지 두어 달쯤부터 슬그머니 술을 먹기 시작하더니 사흘거리로 다닥다닥 붙어사는 좁은 집에서 소란을 피웠다. 평소에는 새색시처럼 부끄럼을 타다가 술만 마시면 색시한테 폭력을 휘둘렀다. 그럴 때마다 아버지가 나서서 타이르면 싱겁게 듣더니 기어이 각시를 잃었다. 나는 멍하니 마루에 서서 한 지붕 두 가족 형국을 구경했다. '저러다가 우리 아버지가 사라지지….'라는 말이 나도 모르게 목구멍에서 떠밀려 나왔다.

사람이 변하면 일 낸다는 옛말이 사실이었다. 삼 년 동안 변했던 아버지가 결국 저 세상으로 가버리셨다. 다시는 못 본다는 생각이 들자 힘들었던 시간은 생각나지 않고 가슴만 갑갑했다. 갈수록 후회는 그리움으로 변했다.

그래도 내 아버지가 아니던가. 생전에 귀가 밝았던 분이라 후회하는 소리를 아마 다 들었을 것이다. 어느 모로 보아도 얼굴이 판박이인 딸자식의 한숨을 들었다면 분명 용서하실 터, 늦었지만 천상으로 안부를 올려본다.

제2부

반짝반짝 작은 별

불이야

칼바람이 날리던 한겨울밤이었다. 첫딸의 백일이 가까워 오고 있었다. 어머님은 낮에 놀았던 깨알 같은 이야기를 저녁을 먹으면서 풀어놓곤 했다. 밤이면 딸의 손발을 잡고 눈을 맞추어 서로 먼저 웃게 하려고 신경전도 벌렸다. 그날도 온통 딸바보가 되어 밤 깊은 줄 모르다가 우유병을 늦도록 삶고 있었다.

그때였다. 갑자기 아래층에서 뛰어 올라온 총각이 현관문을 쾅쾅

두드렸다.

"불이야! 불이야! 주방 가스불 켜졌으면 빨리 꺼요. 지금 폭발해요." 그리고는 급히 돌아서는 총각의 허리춤을 나는 반사적으로 낚아챘다.

"놔라, 이거 놔라." 추리닝 고무바지가 쭉 흘러내렸다.

"못 놓는다. 가스 불 꺼주고 가라. 폭발하면 우리 식구 다 죽는다."

이면체면 없이 매달려도 기어코 청년은 내 팔을 뿌리치고 급히 내려가 버렸다. 두 눈에서 불이 번쩍 났다. 물까지 넘치며 끓고 있는 우유병 냄비의 가스불이 곧 폭발할 것만 같았다. 가까스로 불을 끄고 주방을 빠져나왔다.

놀란 어머님도 갈팡질팡 도망갈 준비를 하셨다. 옷은 입는 둥 만 둥 하고 백일된 딸아이를 멍석말이 하듯 포대에 둘둘 말아 안고 밖으로 뛰어나갔다.

나는 우유병만 들고 뒤따르다가 뭔가 스치는 정신에 다시 큰방으로 들어갔다. 아, 무엇이라도 하나 들고나가야겠다는 생각이 들었다. 농문을 여기저기 열다가 눈에 들어온 것은 목이 긴 렌즈 카메라였다. 내가 신혼여행지에서 신부 절값으로 구입한 가장 아끼는 물건이었다.

집을 빠져나와 어머님이 평소 놀러 다니시는 동네 양복점 가게로 피신하였다. 한숨을 돌리고 보니 딸아이의 두 다리가 포대기 밖으로 빠져나와 얼음장이 되어 처져 매달려 있었다. 난리 북새통 속에서도 할머니의 벌렁벌렁 거리는 심장소리를 자장가 삼아 자고 있지 않는가.

그제야 옆에 남편이 없는 것을 알았다. 그는 저녁을 먹으면서 홍콩 무술영화 '호소자'를 한 편 봐야겠다고 했다. 동짓날 긴긴 밤이라며 영화를 보러갔던 것이다. 서글프게 누가 한겨울 깊은 밤에 혼자서 영화를 보러 다닐까. 남편은 영화하면 자다가도 벌떡 일어나는 영화광이었다.

허겁지겁 찾으러 나섰다. 이사 온 지 얼마 안 되어 이 지역의 극장을 잘 알 수가 없었다. 지나가는 행인을 붙잡고 대뜸 "호소자 어디 하냐?"고 물으니 도리어 호소자가 뭐냐고 되물었다. 시린 찬바람에 종종걸음으로 도망가듯 걷는 사람들은 나를 피하면서 걸었다. 한겨울 밤길에서 무작정 호소하는 여자에게 무슨 답을 하겠는가. 마침 거리 순찰 중이던 순경을 만났다. 며칠 전에 발령을 받아 와서 극장을 정확히는 모른다며 대충 근처를 알려 주었다. 이 지역에는 극장이 하나밖에 없어서 그나마 다행이었다.

매서운 날씨 탓인지 극장 출입구를 지키는 사람은 아예 없었다. 큰 영화관 안에는 남편 혼자서 영화에 푹 빠져 있었다. 오리털 파카로 얼굴을 덮은 채 두 눈만 내놓고 비스듬하게 누워서 보는 중이었다.

"불이야! 불 불, 집에 불났다."

남편을 보자마자 울음보가 터지면서 고함을 버럭 질렀다. 영화 속에 푹 빠져 있다가 불났다는 소리에 용수철처럼 벌떡 일어섰다. 머리를 풀어 헤친 귀신같은 내 얼굴을 보더니 고삐 풀린 말처럼 뛰쳐나갔다.

천만다행으로 불은 한 시간 만에 진압이 되었다. 집골목 입구 다방에서 일어난 방화였다. 어떤 얼빠진 청년이 사귀던 아가씨가 만나주지 않는다고 홧김에 애꿎은 남의 다방에다 불을 질렀단다. 다행히 발 빠르게 초기 대응을 잘했다며 소방대원들은 이구동성으로 말했다.

한 시간이 일 년 같았다. '불이야'만 전하고 사정없이 가버린 겁쟁이 총각, 무작정 길을 가로막는다고 정신 나간 사람 취급하던 행인, 갓 발령을 받아 지역 위치를 잘 모른다며 우물쭈물 대던 순찰관이 썰물처럼 빠져나갔다.

다음날 그 총각 어머니를 골목에서 만났다. 새댁이 몸을 풀어서 다행이지 뱃 속에 아기가 있었으면 정말 큰일 날 뻔 했다며 미안해 했다. 말씀에 따르면 어릴 때부터 남자답지 않게 촐랑거려 황당할 때가 한 두 번이 아니라 했다. 혼기를 앞둔 아들의 성격을 염려하는 엄마의 걱정이 한참 보였다.

하지만 자유롭지 못한 것은 나도 매한가지다. 내심 쥐구멍에라도 들고 싶었다. 호들갑에 둘째가라면 서러운 내 성격이 어디 가만히 있었겠는가. 부둥켜안고 뒹굴지만 않았지 씨름판의 신경전마냥 서로 붙들고, 뿌리치고 야단법석을 떨었지 않았던가.

나도 어려서부터 겁이 많아 방정맞다는 소리를 들을 때가 종종 있었다. 본인 일 아니라고 팔짱을 끼고 있는 성격이 못되었다. 가끔은 얌전치 못하다고 핀잔을 받을 때도 있었지만 친절하다는 말을 들을 때가 더 많았다. 분명 그 총각도 윗집에 갓난아기가 있다는 사실이 떠올라 위급상황을 급히 알리려고 했을 것이다. 그러고는 막상 겁이 나서 곧바로 피하긴 했지만, 결국에는 자신을 뒤로하고 상대를 먼저 배려했던 셈이다.

불조심을 해야 하는 겨울이 오면, 그날의 "불이야~" 소리가 귓전에 아른거린다.

반짝반짝 작은 별

목욕탕에 갔다. 옷장에 옷을 넣는데 어떤 할머니가 꼬맹이에게 "아이고 귀여워라, 니 몇 살이고?", "학교 갈 때는 되었냐?"며 몇 번이고 물었다. 아이는 심기가 불편한지 입을 꽁치처럼 삐죽이 내밀었다. 그러고는 몸을 뒤로 살살 빼더니 깨알만하게 "이 학년!"이라고 말했다.

할머니는 그제야 아이의 마음을 읽었는지 귀에 대고 속삭였다.

"니가 너거 반에서 젤로 이뻐제?" 했다. 그래도 미안한 마음이 남았는지 갑자기 나를 쳐다보며 찡긋 눈짓을 했다. 나는 얼른 받아서 참말로 예쁘다고 말했다. 정말 귀엽고 예뻤다. 자그마하고 똘똘해 보이는 얼굴이었다. 그제야 아이는 내밀었던 입을 당겨 넣으면서 탕 쪽으로 뛰어갔다. 통통거리는 꽁무니가 이십 년 전 내 딸아이 모습과 흡사했다.

딸아이도 초등학생이지만 작아서 유치원생처럼 보였다. 묻는 말에 또박또박 대답을 잘하니 보는 사람들마다 기특해했다. 길에서나 마트에서, 버스 안에서도 사람들이 말을 걸었다. 울어도 귀여웠다. 나는 주변에서 귀엽다고 하는 말이 그다지 싫지가 않았다.

키우기도 참 수월했다. 키가 쑥쑥 자라지 않아 옷을 하나 사면 한참을 더 입었다. 니트 종류의 옷은 소매를 접었다가 펴가면서 끄트머리가 낡을 때까지 입었고, 여름에는 어른의 민소매 티셔츠를 입혀놓으면 세상에서 하나밖에 없는 원피스로 새롭게 탄생했다. 이런저런 옷을 응용하면 흔하지 않는 옷차림이어서 주변의 눈길을 더 끌었다. 그러다보니 어디서 옷을 사느냐는 질문이 많았다.

초등학교 이 학년에 올라가자 기분이 묘했다. 입학식을 하면서 맨 앞에 섰을 때와는 다르게 은근히 걱정이 되었다. 키 순서대로 줄을 세우니 꼼짝을 못했다. 나도 모르게 다른 반 아이들과 비교하는 버릇이 생겼다. 같은 앞줄에서도 내 아이가 더 작았다. 또래 속에서 덩치가 빠지니 무엇보다 교우관계가 제일 신경 쓰였다.

마음이 급해졌다. 딸아이에게 수영을 시키고 발레학원에도 보냈다. 공원에서 놀 때는 주로 뜀박질을 많이 하게 했다. 키가 기대만큼 자라지는 않았지만 노력 때문인지 달리기를 아주 잘했다. 달릴 때는 발바닥이 보이지 않을 정도로 빨랐다. 가을 운동회 때 달리기에서 일등을 했다. 친구들과도 잘 어울렸다. 그나마 아담한 키에 비해 다리가 길어 내 눈에는 팔등신 몸매로 보였다.

하루는 기분이 좋은지 학교에서 돌아와 담임선생님 이야기를 꺼냈다. 같은 학년에 딸을 둔 여자선생님이었다. 앞자리에 앉은 딸아이는 선생님 책상과 마주 보았다. 쉬는 시간에 선생님은 가끔 딸아이를 책상 밑으로 불러 들였단다. 살금살금 따라 들어가면 그 속에서 품안으로 안아준다는 거였다. 관심을 가져주는 선생님이 있으면 학생은 최고의 자신감을 갖는다. 아이가 늘 걱정이었건만 다행히 선생님께서 자식처럼 대하는 것 같아서 마음이 놓였다.

인사도 드릴 겸 학부형 모임에 갔다. 딸아이 이름을 대면서 인사를 하니 선생님께서는 “별이가 우리 반에서 제일 귀여워요.” 하셨다. 따뜻한 목소리만큼 성격도 동네 아주머니처럼 후덕해 보였다. 선생님의 고마운 말에 아이를 푹 잊고 맡겨도 되겠다는 생각이 들어 돌아오는 발걸음이 한결 가벼웠다.

어느 따뜻한 봄날이었다. 무를 잘라서 컵에 꼽았더니 새순을 틔웠다. 살며시 내미는 이파리가 신기했던지 딸아이는 무에 대해 궁금한 것을 묻기 시작했다. 그리고 그것을 받아 적었다. 새순 이야기는 관찰일기가 되어서 여름방학 학교 교지에 실렸다. 그것이 용기가 되었는지 마음 언저리에 새싹이 터지기 시작했다.

중학생이 되어 딸은 집을 떠나 유학 생활을 시작했다. 물가에 내놓은 자식마냥 안쓰러웠지만 혼자 사는 여동생이 있어서 눈 딱 감고 보냈다. 새로운 곳에서 친구를 다시 사귀고 환경에 적응하면서 공부하기가 어디 쉬울까만, 다행히 이모의 도움으로 학업에 열중하는 데는 어려움이 없었다.

십 년을 객지에서 공부를 마친 딸이 집으로 돌아왔다. 우리는 그간에 나누지 못한 정을 나누느라 분주했다. 영화를 보고 커피를 마시고 산책도 했다. 그날도 강바람이 좋아서 강변을 걸었다. 그때, 생각지도 않게 딸아이가 어리광을 부리듯 속내를 내비쳤다.

"대구에 와서 일요일마다 돌아가는 엄마 뒷모습 보면서 울다가 얼굴 닦고 이모 집에 들어가곤 했어. 왜 그렇게 눈물이 나던지…."

물기 젖은 강바람이 내 뺨을 철썩 후렸다. 석삼년이 지나도록 참고 견뎠던 그리움을 추억인 양 꺼낸 말이었다.

그저 이모 밑에서 햅쌀밥 먹고 공부하며 잘 지낸다고 믿었다. 교직에 있는 이모에게 물어볼 것도 많고 엄마만큼 좋다고 해서 그런 줄로만 알았다. 정말이지, 엄마로서 해주었던 것은 주말마다 반찬과 간식을 한 보따리씩 나르는 게 전부였다. 어미의 사랑을 매주 눈도장만 찍고 돌아왔으니 얼마나 외로웠을까. 이모와 엄마의 사랑은 별개였던가. 그동안 엄마라는 빈자리를 대신할 수 없었던 여동생을 생각하면 미안하기 그지없다.

사람이 하는 일에는 다 때가 있다는 말이 무엇이겠는가. 노는 것도 먹는 것도 때가 있거늘, 하물며 어린 것이 엄마 품에 머무는 것이야말로 어찌 때가 없으리오. 엄마가 잠시 곁을 비워도 아이는 금세 울먹이건만, 그것을 생각하지 않고 어린 것을 객지에 밀어 넣었으니 생각할수록 앙가슴 한복판이 아렸다.

강바람 마시고 오는 길에, 딸아이가 무춤 팔짱을 바짝 끼더니 생글생글 거렸다. 이모가 허전해할까 봐 방에 쓰던 물건을 그대로 두고 왔다고 했다. 만약에 이모가 늦게라도 결혼해서 아기를 낳으면

열일을 제쳐놓고 키워주겠단다. 의리가 있는 딸아이 마음이 우물처럼 깊어 보인다.

밤하늘에서 별똥별 하나가 내 안으로 파고든다.

눈썹

아기가 태어난 지 한 달째다. 배꼽도 떨어졌고 목욕을 시키면 제법 만질만하다. 손수건으로 잇몸과 얼굴을 닦기고 머리를 감긴 후 엉덩이를 물에 담근다. 뱃속에서 놀던 기억이 있는지 제법 물장구를 일으키다가 주먹을 꼭 쥔다. 물속에 손을 담그면 손을 펴서 무언가 잡으려고 애도 쓴다.

보송보송한 얼굴이 달걀에서 갓 나온 병아리 같다. 눈썹이 발갛

게 그어져 있고 검은 눈동자가 가득하다. 피부는 분을 토닥토닥 두드린 듯 뽀얗다. 손녀라서 더 그렇다.

손녀의 태명을 '콩'이라 불렀다. 제 엄마랑 생일이 같겠거니 하다가 이틀 늦게 세상 밖으로 나왔다. 쥐 팔자가 제일 좋은 경자년 십일월에 쥐띠를 달고 태어났다. 먹고 자고, 씻고 자고 하더니 하루가 다르게 토실토실했다. '콩'이가 대두가 되었다. 콩이가 뱃속 웃음만 기억하는지 희죽거리며 자주 웃는다. '웃는 만큼 웃을 일이 만들어진다'는 옛말이 머릿속에 자리 잡는다.

삼십 여 년 전, 나는 시월의 마지막 밤에 첫딸을 낳았다. 분만실에서 첫 대면을 할 때에 눈썹부터 확인했다. 색연필로 그려놓은 듯 분홍색 선이 선명했다. 우려했던 모나리자 눈썹은 아니었다. 그리고 딸이라서 기뻤다.

친정엄마가 눈썹이 거의 없었다. 눈이 작은 아버지와 붕어빵인 나는 눈썹만 엄마를 덜컥 닮았다. 하얀 눈썹이 콤플렉스인 나는 사람을 처음 보면 눈썹부터 살피는 버릇이 있다. 왠지 눈썹이 안정감 있게 잘 그려져 있으면 행동도 반듯해 보였다. 그래서 나름 점수를 후하게 주었다.

한창 잘 나가던 아가씨 때에 지워지지 않는 영구눈썹 화장이 유행했다. 망설일 것도 없이 얼른 찾아가서 상담을 받고 눈썹을 했다. 바로 눈썹문신인 셈이었다. 엄마까지 데려가서 문신을 시켰다. 기술이 시작 단계라 시간이 지나면서 색상이 옅어지고 모양이 어색했다. 화장을 할 때에 다시 눈썹에 덧칠을 해야 하는 불편함이 있었다.

이듬해, 소원대로 눈썹이 짙은 남자와 결혼을 했다. 시어머니가 육아를 돕겠다고 집으로 왔다. 밥상에 앉아 함께 식사를 하는 어머니 얼굴을 가만히 들여다보니 눈썹이 반밖에 없었다. 안되겠다 싶어 어머니를 모시고 눈썹 영구화장을 하러 수소문한 미용실을 들렀다. 미용실 원장님은 며느리가 시어머니 눈썹을 하러 오는 경우는 보기 드물다고 하면서 효부라며 덕담을 했다. 기분 좋게 가격도 낮추어 주었다.

시어머니와 친정엄마가 마주 앉았다. 가끔 밥을 같이 하면서 이런저런 이야기를 하신다. 이번에 만날 때는 두 분이 눈썹은 그리지 않고 간단한 화장을 하고 나오셨다. 나는 어느 눈썹이 자연스러운지 번갈아 살펴보았다. 완전히 모나리자 눈썹이었던 친정엄마 보다 눈썹이 반쯤 있는 시어머니 눈썹이 더 예뻤다. 두 분은 서로가 더 잘 되었다고 추켜세우면서 만족하는지 연신 웃으셨다.

아기가 배가 고픈지 끙끙 앓는 소리를 낸다. 얼굴이 붉어지면서 울음이 곧 터질 것 같은 눈썹은 빨간색이다. 부드러운 우유를 쪽쪽 빨 때에는 연분홍색이다. 하품을 두어 번 하고는 대한독립만세를 부르며 또 잠이 든다.

눈썹을 아무리 봐도 내 밑으로 나오기에는 감지덕지. 어쩔 줄을 모르겠다.

똥강아지

동물의 왕국이 재미있다. 북극의 늑대가족 이야기다. 땅굴에서 기어나오는 새끼들의 얼굴이 흡사 똥강아지다. 흑사탕처럼 새까만 눈동자에는 장난기가 자글자글하다. 새끼들은 어미의 꽁무니만 쫄래쫄래 따라다녔다. 표정을 봐서는 북극이 아니라 마치 어느 따뜻한 동네에서 노는 모습들이다.

갑자기 새끼들이 어딘가를 바라보며 짖기 시작했다. 총알같이 북극토끼를 쫓아가는 어미를 향해서였다. 새끼들은 "낑낑" "깽깽" 이 아니라 "우~ 우~" 하늘을 보며 길게 소리 내었다. 똥강아지가 바로 늑대임을 과시했다. 나레이터 소개로 늑대 새끼인 줄은 알았지만 늑대 울음소리를 듣고 새삼 놀랐다.

우리 집에도 똥강아지가 있다. 할머니에게 손자는 밤톨 같은 강아지다. 둘은 낮이나 밤이나 지남철처럼 붙어다녔다. 놀이터나, 경로당이나, 초하룻날 절에 갈 때도 언제나 함께였다.

어느 해, 부처님 오신 날이었다. 불국사 글짓기 대회에서 손자는 부처님께 편지글을 올렸다. 부처님이 계셔서 할머니가 늘 기쁘고, 산에 있는 절에 오르느라 등산을 해서 건강하게 사신다며 감사의 편지를 썼다. 부처님도 효손이라 여겼는지 편지글로 입상을 했다.

'제집 어른 섬기면 남의 어른도 섬긴다'고 하던가. 길을 가다가 동네 어르신을 만나면 먼저 한걸음 나가 인사를 했다. 누구시냐고 물어보면 "경로당 회장님!" "총무 할매!" 라며 동네 어른들의 통성명을 다 소개했다.

한번은 배가 아프다는 아들에게 소화제를 먹이고 갓바위까지 올라갔다. 아들은 갓을 쓴 부처님을 보더니 곧바로 합장을 하고 고개를 숙였다. 그러고는 동서남북을 돌면서 절을 올렸다. 올 때마다 갓

바위 부처님께 할머니의 아픈 배를 빨리 낫게 해달라며 빌었다고 했다. 아들은 또 배가 아픈지 얼굴을 찡그렸다. 소화제를 한 알 더 먹였다.

어머님은 쓸개를 떼어낸 지 십 년이 넘었다. 그 후로도 계속 만성 담석증에 시달렸다. 어떨 때는 참다가 얼굴이 노랗게 황달이 오고서야 새벽녘에 응급실로 실려 갔다. 참는 것만이 능사가 아니라고 몇 번 말씀을 드렸으나 통증이 가라앉기를 기다리다가 고통을 더 겪고는 했다.

담석증의 복통이 산통보다도 더 아프다는 소리를 들었다. 이렇게 현대의학이 발달해도 통증을 잡기가 쉽지는 않았다. 어머님과 같은 방을 쓰는 아들은 곁에서 늘 참는 모습을 지켜봤을 것이다. 갓바위를 오르내리면서 복통을 참았던 것도 할머니에게서 배웠던 모양이다.

아들은 밤이 깊어지자 배가 더 아파진다며 옆구리를 움켜잡았다. 낮에부터 아팠다는 소리에 어머님은 우리 강아지 잡는다며 역정을 내었다. 순간 나는 체한 것이 아니었구나 싶었다. 부랴부랴 응급실로 향했다. 급성 맹장염으로 곧 터지기 일보직전이라고 했다. 그길로 자정이 넘어 수술을 받고 새벽에 병실로 옮겼다. 어머님은 강아지 곁을 떠나지 않고 밤새 뜬눈으로 간호했다.

다음날 아침 일찍 병실로 좇아갔다. 아들이 병실에 없었다. 맹장염 환자에게는 수술한 다음날부터 바로 걷는 운동을 시켰다. 운동을 마치고 들어오는 아들의 얼굴이 해바라기처럼 밝았다. 함께 운동하고 들어오는 옆자리 아저씨에게 고맙다고 인사를 건너자, 아저씨는 손사래를 치면서 그 집 강아지 참 잘 키웠다며 큰소리로 웃었다.

아저씨는 며칠 전에 맹장염 수술 후 통증을 참기가 어려웠다고 말했다. 그런데 아이가 수술하고 병실로 들어와서 밤새 이불속에서 입술을 깨물더라는 것이었다. 어른도 견디기 힘든 통증을 어린아이가 얼마나 잘 견디든지 기특하다며 몇 번을 칭찬했다. 그러고는 아들 손에 만 원짜리 한 장을 주었다.

그랬다. 아들은 통증을 잘 참았다. 한 번은 초등학교를 입학하기 전이었다. 소변을 볼 때마다 염증이 자주 생겼다. 그것을 깨끗이 씻는데도 염증이 엿처럼 눌러 붙어 예민한 부위가 엉망이었다. 그 길로 바로 포경수술을 했다. 수술을 마칠 무렵 부분 마취가 풀려서 많이 아팠다고 했다. 의사는 몸을 움츠리며 통증을 참았던 아들에게 “아따 고놈 참 잘 참네.” 하며 세종대왕 만 원짜리 한 장을 상금으로 주었다. 좌우지간 어릴 때부터 밖으로 드러내지 않고 참는 데는 일가견이 있었다.

아마 참는 비결은 할머니의 유산일 것이다.

도선생

그녀와는 같은 해 한 동네에서 태어났다. 자박자박 걸으면서부터 우정을 나눈 사이이다. 우리는 얼굴에 좁쌀이 돋아나는 학창시절 내내 껌처럼 붙어 다녔다. 초로의 지금도 피붙이처럼 정을 나눈다.

그녀의 집은 동네의 중심인 삼거리에서 한 곳밖에 없는 만물상회를 했다. 통금시간까지 불을 밝히는 방범초소 같은 집이었다. 또한 반장집이라서 항상 동네 사람들로 시끌벅적했다. 나 역시 그녀의 집에서 살다시피 놀다가 밥 먹을 시간이 되면 밥그릇까지 들고 들락거렸다.

먹을거리가 지천인 가게 집이라 더 좋았던가 보다. 자랑스럽기까지 했다. 그녀는 땀을 뻘뻘 흘리며 놀다가 갈증 나면 서슴없이 가게로 뛰어들어가 콜라 뚜껑을 탁 땄다. 정확하게 반병을 마시고 나머지는 내게 바통 건네듯이 주었다. 당시, 또래들에게는 놀다가 목마르다고 콜라를 마시는 것은 그림의 떡이었다. 콜라의 단맛이 채 가시기도 전에 왕사탕이 내 입속으로 쏙 들어왔다. 그뿐인가. 파릇파릇한 풋사과의 이빨자국을 들여다보면서 한 입씩 교대로 베어 먹던 일은 수십 년이 지난 지금도 생생히 기억난다.

어릴 때에는 먹는 것이 최상의 낙이었다. 내 안의 소리를 정확하게 읽어주는 그녀가 엄마만큼 좋았다. 아기들이 엄마를 가장 먼저 알아보는 것은 끊임없이 먹을 것을 주기 때문일 것이다. 유년에는 감사의 표현이 어눌했다. 고맙다는 말을 입안에서 뱅글뱅글 맴돌다 밖으로 내놓지는 못했지만 가슴 안에서는 늘 고마움이 찰랑거렸다.

가슴 속에도 온도계가 있다. 성장기에 따듯한 친구와 함께 보냈으니 가슴은 언제나 봄날이었다. 무엇이든 물어봐도 되고, 자랑을 해도 탈이 없고, 어떤 난처한 고백도 남김없이 주고받았다. 어쩌다

그녀가 감기라도 들면 내 마음은 동지섣달이었다.

프로야구가 창단되던 해였다. 그녀는 골목길에 주저앉아 돌멩이로 시민운동장 야구장을 그렸다. 외야석까지 선을 긋고 경기 방법을 가르쳐 주었다. 9회 말 역전 상황을 중계방송 하듯 설명하면서 인생역전도 일러주었다. 내게 있어서 그녀는 개인코치요 조언자 역할까지 했다. 요즘도 야구경기를 보다가 9회 말만 오면 결승타를 날릴 타자와 사춘기 그녀의 열띤 얼굴이 오버랩 되어 웃을 때가 있다.

친구에게 배운 것은 그뿐만이 아니었다. 초등학교 때부터 화투를 배웠다. 우리는 비 오는 날 밖에서 놀기가 마땅찮으면 집안에서 민화투를 치면서 놀았다. 어느 날, 만면희색을 띠며 새로운 화투놀이를 소개했다. 그녀의 오빠로부터 공수받았다는 고스톱이었다.

화투의 신컬러 고스톱은 민화투에서 쭉정이로 홀대받던 껍질을 점수로 쳐주었다. 또 차곡차곡 열심히 모으기만 하면 승자가 될 수 있었으니 학업과 다르지 않기도 했다. 반면에 그에 대한 기본 의무를 이행치 못하면 피바가지를 덮어써야 하는 점도 교칙에 따른 벌과 같아 정신을 바짝 차리게 했다. 세상 어떠한 하찮은 물건도 다 필요가 있다는 것을 고스톱에서 배울 수가 있었다.

또 그녀는 만화광이었다. 자다가도 만화라면 용수철같이 발딱 일어섰다. 엄하신 아버지 밑에서 용케도 눈을 피해 가며 읽는 만화의 쾌감은 하늘을 찔렀다. 한번은 그녀의 집 이층 방에서 배를 깔고 엎드려 과자까지 먹으며 만화를 보고 있었다. 바로 그때 쿵쿵 계단 올라오는 소리가 들렸다. 거나하게 한 잔 하신 그녀 아버지의 발자국 소리였다. 우리는 평소처럼 장롱 속으로 들어가서 쥐 죽은 듯이 피하려고 했으나 큰 낭패를 만났다. 그날따라 장롱에는 이불이 너무 많아서 들어갈 수가 없었다. 급한 김에 깔아놓은 솜이불 속에서 도다리처럼 납작하게 누웠다. 방문 소리가 들리자 아예 숨을 멈춰버렸다.

꼬리가 길면 잡히는 법이다. 그날 이후에도 만화 행진은 계속되었는데 새로 나온 만화책에 정신이 팔렸다가 그녀 아버지께 꼼짝없이 들켰다. 현장에서 발각된 우리는 무릎을 꿇고 앉아야 했다. '만화만 보지 말고 책도 읽어라'는 주제로 종아리에 쥐가 날 때까지 일장 훈시를 들었다.

훈시 영향일까. 어쨌든 우리는 책을 손에서 놓지 않는 습관이 생겼다. 지금도 그녀와 함께 문학 공부를 하고 있다. 글공부는 별만큼이나 많은 이야기를 하게 한다. 문학정신을 나눌 때면 그녀의 입은 꽃봉오리처럼 터진다. 이렇듯 눈에서 가까우니 마음이 멀어질 일이 어디 생기겠는가. 같은 취미로 이야기꽃 피울 때마다 우정은 지리산 골짜기처럼 깊어만 간다. 친한 친구의 유전인자는 닮는다고 했던가. 그녀와는 어떤 일이든 일 초도 안 걸리고 손발이 착착 맞다.

그녀는 나를 '보배'라고 말하지만, 나는 그녀와의 만남을 부모님이 챙겨준 '정신유산'이라고 자랑한다. 유년시절과 청소년기를 함께 보낸 친구라고 해서 모두 보배가 될 수는 없을 것이다. 태어나서 이날 이때까지 한날 같은, 어디에서나 기氣 살려주는 그녀가 나에게는 보물이다.

나는 성이 도씨인 그녀를 '도선생'이라 부른다.

복 많은 사람

시무식에 참여했다. '은혜를 알고 살자'는 주제로 이사장님은 말씀을 시작했다. 은혜를 알고 살자는 것은 내가 먼저 섬기라는 뜻이었다. 자신은 백발이 되도록 많은 복을 받았다며 지나온 날을 회고하셨다.

학교에 다닐 때는 선생님께서 좋아해 주었고, 어른이 되어 교회 장로를 맡고서는 교인들과 목사님이 그렇게 좋아했단다. 장로를 하면서 한 번도 목사님한테 따지거나 불편을 준 적이 없었고, 목사님 말씀이 다 옳다고 했으니 그럴 수밖에 없지 않겠냐며 작은 눈을 깜박이며 반문도 하셨다. 그렇게 말을 하시다가 갑자기 머릿결이 은실 같은 한 여인을 가리키며 "내 아내는 천사!" 라고 했다. 육십 년을 마음이 착한 사람하고 같이 살았으니 바로 천국에서 살고 있다고 해서 모두가 웃으며 박수를 크게 쳤다.

이야기를 듣고 보니 참 복 많은 어른이었다. 웃으면서 하신 일화 속에서는 옛날 황희 정승의 역지사지가 엿보였다. 이쪽 말도 옳고 저쪽 말도 옳다며 맞장구를 쳤으니 인심이 후해 보였다. 새해부터 복 이야기를 들으니 영하의 추위지만 시무식장에는 훈기가 돌았다. 그분의 복 많은 이야기 속에 정신없이 바빴던 내 어린 시절이 하늘가에 흰 구름처럼 훨훨 펼쳐진다.

1남 3녀 중 둘째 딸로 태어난 나는, 서열상 귀하지도 않았을뿐더러 집안의 자잘한 일은 거의 내 차지였다. 맏이인 언니는 노는 것을 좋아해 잠시도 집에 있지 않았고, 바로 아래 남동생은 외아들로 태어나 생떼를 부려도 언제나 무사통과했다. 또한 여동생은 막내라는 꼬리표 하나로 식구들에게 항상 받기만하며 자랐다.

나는 초등학생일 때부터 직장에 나가는 엄마를 도왔다. 어린 나이지만 우리 집 일이라 생각하면 즐겁고 신이 나서 노래까지 부르며 일을 했다. 청소하고 밥하고, 빨래하면서 세간살이를 일찍 알았다. 대청소하는 날을 정해놓고 마루 밑을 쓸고, 마당을 물청소하며 온 집안을 송두리째 반들반들 윤을 냈다. 거기에다 아장아장 걸음마를 시작한 막내 동생을 인형 돌보듯 보살폈다. 휴일에는 시장 가는 엄마를 강아지처럼 따라다니랴, 친구들과 뛰어놀랴, 쉴 새 없이 쫓아다니니 입가에는 부스럼을 달고 살았다.

어느덧 결혼할 때가 되었다. 엄마는 나에 대해 늘 짠한 마음을 품고 있었던지 시집보내기 전에 생일상을 차려주겠다고 했다. 그런 말씀에도 특별히 서운함이 없어서 그냥 무덤덤하게 들었다. 결혼 날짜가 다가오자 포목점에도 들리고 그릇 집에도 부지런히 들렀다. 그러구러 분주한 일들이 대강 잡힐 때쯤, "아이고! 어제가 우리 둘째 딸 생일이었네." 하면서 엄마는 손바닥을 크게 쳤다. 결국에 내 생일상은 돌잡이 상이 처음이자 마지막이 되었다.

그리고 대뜸 엄마는 궁합 이야기를 했다. 신부 생일부터 챙기지 말라는 대나무집 보살의 말을 꺼냈다. 4월 4일 생일은 액운이 따르는 숫자가 쌍으로 들어있어, 지금까지 생일을 안 했기 때문에 딸의 운세가 그나마 순조로웠다는 거였다. 그러면서 생일상이 문제가 아니라, 시집보낼 때 집을 사줘도 아깝지 않은 딸이라면서 눈시울을 붉혔다.

지난 일을 가만히 헤아려 보니, 집안일을 일찍 접한 내가 복이 많은 사람이었다. 내 말을 잘 따르는 동생들, 밥 잘 먹는 나를 좋아했던 아버지, 주전부리를 자주 챙겨주던 옆방 할머니, 동네 어른들이 "시시한 여편네보다 낫다." 며 입이 마르도록 칭찬을 했었다. 나 역시 그런 칭찬에 고단한 것도 모르고 매일매일 고래춤을 추었다. 더불어 지금은 내가 하는 일마다 응원을 해주는 남편이 있으니 이만하면 나야말로 복을 덩굴 채 받은 게 아닌가.

신년사를 마무리하며 이사장님은 팔팔한 젊은이처럼 목청을 더 높여 "감사합니다!" 외치며 단상을 내려오셨다. 부부끼리 찬사를 보내기는 쉽지 않을 터, 호호백발에 기백이 넘치는 그분이 부러웠다. 대중 앞에서 연설을 하다가 표현했던 천사의 뒷머리를 바라보았다. 검은 머리 파뿌리가 된 여인의 모습을 보면서 나는 잠시 눈을 감았다. 순간, 세상에서 가장 행복한 남자는 착한 여자와 사는 것이라는 객쩍은 언어유희가 스쳤다. 우스개일망정 그 말속에는 세상에서 가장 믿음직한 하모니로 들렸다.

한 해를 시작하며 다짐을 한다. 지아비가 흠모하는 여인, 나도 그런 착한 여자가 한번 되어볼 참이다.

단단통

후배가 열무 몇 단을 무겁게 들고 왔다. 그녀 어머니가 텃밭에서 가꾼 열무다. 솎은 열무가 주인을 닮은 듯 여리다. 겉절이에도 좋아 보인다. 파릇파릇한 잎이 줄기에 붙어 떨어지지 않으려 애쓴다. 씻으면서 이파리를 씹어보았다. 씁쓰레한 맛이 혀끝에 한동안 머문다. 몸에 좋은 약은 쓰다는데 바로 이 맛이지 싶다.

그녀 어머니는 오른손이 없다. 공장에서 일을 하다가 기계에 손이 딸려 들어가는 사고로 손을 잃었다. 수차례 수술 과정을 겪으면서 병원생활로 우울증까지 겹쳤다. 생을 끊겠다는 소리로 자신과 가족을 힘들게 했다. 강을 보면 강물에, 바다를 보면 시커먼 바닷물로 뛰어 들었다. 밤낮으로 하늘에 대고, 땅을 치고, 바다를 향해 울부짖는 생활이 몇 해 동안이었다며 후배가 눈물을 보였다.

달아나는 세월을 되돌리려고 하는 갱년기에, 오히려 몸의 일부를 잃었으니 참담한 심정이야 오죽했으랴. 단단통을 앓고 있다는 그분의 뭉텅한 팔에서 내 엄마의 다리가 떠오른다.

엄마는 폐암 치료를 받았다. 나는 엄마를 위해 효도신발부터 샀다. 폭신한 신을 신고 병원을 다니고 운동도 시킬 참이었다. 무엇보다도 신발이 닳아 못 신을 때까지 살아남기를 바라는 마음이었다. 밑창이 다 닳으려면 아무리 안 걸려도 이태는 걸린다. 그때쯤이면 항암치료도 끝날 것이고, 건강을 되찾아 예쁜 구두를 신으리라 철석같이 믿었다. 그러나 엄마의 발걸음 소리는 꿈결에서나 듣게 되었다.

엄마는 왼쪽 발을 잃었다. 항암치료를 견디다 못해 맥없이 무너졌다. 죽도 삼키지 못할 정도로 면역이 떨어진 상태였다. 엄습해오는 무기력으로 바람 앞의 등불처럼 시달리더니, 급기야 다리의 혈

관이 막혀 발이 툭 떨어졌다.

운이 나쁘게도 당시 병원에서는 단체 의료파업을 강행하는 중이었다. 엄마를 데리고 이리저리 응급실을 옮겨 다니다가 생명줄 같은 골든타임을 놓쳤다. 결국에는 갈변되고 있는 발을 포기해야만 했다.

어느 저녁 무렵, 엄마를 휠체어에 태우고 경로당 앞으로 지나갔다. 늦게까지 놀고 나오시던 백발의 할머니와 마주쳤다. "아이고 아직 새댁인데……." 라며 빨리 나아서 경로당에 설거지 하러 나오라고 엄마의 손을 잡고 한참 흔들었다. 딱하게 여기는 노인의 눈길이 기가 막혔는지, 그 마음을 받아들일 자신이 없었는지, 엄마는 어색한 미소로 한쪽 발끝만 내려다봤다.

엄마는 경로당에서 막내라는 별명을 가졌다. 그래서 설거지는 아예 맡아 놓고 했다. 은은한 미소로 말벗도 해 드리고, 십 원짜리 고스톱을 치고 나면 촌두부를 사와서 모두가 먹도록 마련했다. 정은 넘쳐야 된다며 푸짐하게 밥상을 차렸다. 어르신들을 위해서라면 기꺼이 정성을 다하는 그런 마음이었다.

항암치료는 참 지독했다. 갈수록 위기가 닥쳤다. 뭉텅하게 잘려나간 부위가 발이 있는 것처럼 무시로 꿈틀거렸다. 엄마의 다리를 붙잡으면 내 다리까지 저려왔다. 그러면서 환부에 옷깃이라도 스치면 깜짝깜짝 놀랐다. 내어준 육신도 억울하건만, 생각지도 않은 단단통이 엄마의 발목을 또 잡았다. 악착같이 꼬리를 무는 합병증 때문에 정신까지 무너져 마지막에는 뇌 반쪽으로 살았다.

단단통은 팔다리의 잘려진 부위 끝에 통증이 있는 것이다. 이는 절단부위의 신경종으로 통증의 원인이 여러 가지인 만큼 치료 방법도 복잡하다고 했다.

엄마의 단단통은 억울하기 짝이 없다. 아무리 생각해도 제명을 다하지 못하고 떠난 것만 같다. 그날 갑자기 발목이 힘없이 처졌을 때, 대학병원의 의료파업만 아니었어도, 동네 병원에서 잘못된 진단으로 지체하지만 않았어도, 밤새도록 통증에 기절하듯 쓰러지지는 않았을 것이다. 엄마의 고통이 생각날 때마다 내 한숨에는 화가 떠나질 않는다. 누구라도 붙들고 하소연하고 싶은 심정이다.

밤하늘에는 따끔한 별들이 새까맣다. 그리움이 하늘까지 닿아 엄마 얼굴을 떠올리면 뭉텅 다리가 먼저 나타난다. 짧아진 다리를 숨긴 치렁치렁한 치마가 찢어진 현수막처럼 펄럭인다.

누구나 살면서 피해갈 수 없는 비극을 만날 때가 있다. 억울한 일을 당하거나, 자식을 잃거나, 불치의 병에 걸리기도 한다. 지난 일을 하나하나 되새기고 곱씹는다면 삶은 힘들 뿐이다. 그러나 알면서도 세월이 지나도 내 슬픔은 떠나질 않는다.

후배가 부럽다. 그리고 그녀 어머니가 존경스럽다.

그래도 불편해

세 살짜리 손녀가 몸을 자꾸 뒤척였다. “불편해!” 잠꼬대인 듯 말했다. 베개를 바르게 해주고 토닥여 주었다. “그래도 불편해!” 했다. 불편한 것이 무엇인지 알까마는 태어나서 처음으로 불편하다는 표현이 또렷했다. 이마를 만져보니 펄펄 끓었다. 미지근한 샤워기 물로 열을 식히고 해열제를 먹였지만 주춤하다가 다시 열이 올랐다.

대학병원 응급실로 갔다. 다행히 소아과 선생님이 계셨다. 딸은 이틀 전 야외수영장을 다녀온 후로 밤에 열이 났다고 했다. 동네의원에서 해열제를 받아 먹어도 열은 계속 난다고 했다. 수족구병 진단이 났다. 목구멍 속에 별이 생겼단다. 서서히 손발로 물집이 나타날 것이란다. 며칠간 열이 더 나고 일주일은 걸린다며 꼼꼼히 일러주었다.

약 처방을 받아서 집으로 가는 길에 의사의 당부를 떠올리며 마음이 놓였다. 동네의원에서 처방받은 약은 우선 뒤로 미루고, 계속 열이 나면 두 시간 간격으로 해열제를 추가로 먹이고, 목이 아파 음식을 거부하면 손녀가 먹으려고 하는 음식을 골라서 먹이라고 했다.

아파도 일주일은 견뎌야 한다기에 애가 쓰였다. 우리가 의사에게 빠짐없이 증상을 전달했는지 곱씹었다. 걱정하는 할머니와 엄마를 본 손녀가 대뜸 끼어들며 말했다. "아, 내 토한 것 얘기 안 했다." 는 것이다. 그 바람에 한바탕 웃고 마음이 조금 풀어졌다.

손녀는 진료받는 동안 의사와 우리가 상황을 주고받는 것을 귀담아 들었던 모양이다. 자신의 이야기다 싶어 토한 것을 빠뜨렸다고 했을 것이다.

어리지만 생각은 다 있다. 며칠 전에 손녀가 자기 집에 자고 가라고 하도 졸라서 할 수 없이 자리에 누웠다. 옆에 눕자마자 갑자기 토끼가 날아오고, 악어, 앵무새, 곰 인형이 차례대로 내 머리맡으로 날아들었다. 알고 보니 평소에 손녀가 데리고 자는 인형들이었다. 아끼는 인형을 할머니에게 하룻밤 선물로 고마움을 표시한 것이었다.

사람이 고마움을 표현하는 것 중에는 선물이 있다. 아기도 어른도 마음의 전달을 하고 싶은 것은 매한가지다. 무심코 선물로 소통하고 싶은 이가 있고, 상대를 배려하고 싶을 때도 뭔가를 전하고 싶어진다. 미안한 일이 생겼을 때의 화해 선물 또한 마찬가지다.

귀촌한 지 몇 년째다. 요즘 나에게도 조그만 선물이 늘 준비되어 있다. 청양고추를 따서 어슷하게 썰어 한나절 말리면 고추 피데기가 된다. 얇고 보슬보슬한 고추 분량은 말리기 전보다 5분의1 정도밖에 되지 않는다. 작은 지퍼백에 소복이 눌러 담아 냉동실에 두고 온갖 반찬 양념으로 사용한다. 귀촌한 우리 집에 손님이 오면 그래도 시골이라 맨손으로 보내기가 민망해서 마련한 선물이다. 그런데 의외로 놀랄 일이 생겼다. 선물을 받은 사람들로부터 너무 요긴하고 맛나게 잘 먹고 있다는 인사가 돌아왔다. 어떤 지인은 부부의 정성이 가득한 수제품이라며 극찬을 아끼지 않았다.

졸지에 나만의 귀촌 선물이 삶을 윤택하게 한다.

문어

하늘이 무너진 듯 폭우가 쏟아지니 장을 보러 갈 엄두가 생기지 않았다. 생전에 좋아하던 문어를 첫 제사상에 못 올리게 되면 어머님이 분명 허전해 할 것 같아 마음이 다급해졌다. 이런 상황에 어디서 구한단 말인가. 다행히 남편이 부랴부랴 외지에 있는 수산물 시장에 가서 문어를 구해왔다. 문어를 살 때마다 어머님 칠순 때 황당했던 일이 떠올라 민망해진다.

몇 년 전 늦가을이었다. 어머님 칠순 준비로 시장을 보러 나갔다. 육류보다 해물을 좋아하는 식성이라 특히 문어를 뺄 수가 없었다.

어시장에 있는 일명 문어골목으로 들어섰다. 즐비하게 늘어선 문어들을 훑어보다가, 몸집도 크고 빛깔도 선명하면서 살아 꿈틀거리는 문어 앞에 걸음을 멈췄다. 주인은 마수라면서 깎지 말고 십만 원에 구해가라며 수월하게 권했다. 잘생긴 타원형의 몸집에 다리가 제법 길어 보여 흔쾌히 삶아 달라고 했다. 시장의 긴 골목에는 문어 삶는 냄새가 진동을 했다. 제법 시간이 지나고 토실토실한 문어가 빨간 끈에 매달려 나왔다. 눈짐작으로도 촉촉한 것이 맛깔스러웠다.

문어를 들고 집에 돌아오자 어머님은 명절 전날 때때옷 기다리는 어린아이 마냥 들떠 있었다. 화초에 물도 주고, 문갑도 닦고, 한복도 다림질했다. 손자 손녀에게 나누어 줄 용돈을 만지면서 당신의 행복을 즐겼다. 큰 사위가 좋아하는 식혜는 전날 만들어 냉동실에 넣어 두었다. 알타리도 잎이 짧고 무가 통통한 놈으로 한 다발 버무려 놓았다. 말이 생신 상을 받으시는 거지 실제로는 반 이상을 어머님이 준비했다.

집으로 가져온 문어를 한 번 더 헹구려고 바가지에 담아내는 순간 큰일이 펼쳐졌다. 조금 전에 사온 삶은 문어가 괴상한 몰골을 하고 있었다. 흡사 만화영화에 나오는 달마시안종 점박이가 누워 있는 듯했다. 벌건 대낮인데도 불을 켜고 다시 들여다 보았지만 정체를 알 수 없는 무늬를 뒤집어쓰고 있었다. 엎친 데 덮친 격으로 눈알조차 툭 떨어지는 것이 아닌가. 자세히 보니 흰색과 붉은색으로 얼룩덜룩 가관이었다. 허물이 벗겨지기는 했으나 다행히 다리는 여덟 개 정상이었다.

내 눈으로 똑똑히 지켜보면서 삶아 온 문어가 상한 것이었단 말인가. 그럴 리가 없었다. 어머님 당부대로 삶는 동안 단단히 지켜보았고 약간 뜨뜻한 정도일 때 비닐에 넣어서 차에 실어왔지 않은가. 아무리 눈뜨고 코 베어가는 세상이라지만 분노가 스멀스멀 올라왔다. 어떻게 멀쩡히 보는 앞에서 눈속임을 했을까 생각하니 자존심까지 상했다. 생각할 것도 없이 속았다고 단정하고 다시 문어 봉지를 움켜쥐고 문어 골목으로 내달았다.

문어 가게에 도착하자마자 '이것 한번 보라'는 식으로 펼쳤다. 조금 전에 여기서 삶은 문어를 차에 싣고 집에 간 일밖에 없는데 문어 껍질 한번 보라며 들이밀었다. "문어가 왜 이래요?" 주인은 문어만큼 눈을 크게 뜨고 당황해 하면서 되물었다. 앞에서 지켜보고 있지 않았냐며 그럴 리가 없다고 펄쩍 뛰었다.

더 기가 막힌다는 투로 바싹 밀어 보였다. 옥신각신하자 순식간에 문어 골목에서 내로라하는 문어 가게 고수들이 빙 둘러섰다. 멀리서 보면 큰 싸움이 난 구경거리였다. 어시장에서 수십 년이 넘도록 문어를 삶아 팔아온 경력자들이 어리둥절한 표정을 지었다. 이도 저도 아니게 웃는 사람, 도리어 왜 이러냐고 물어보는 상인들도 있었다. 최고의 고수들이 하나같이 문어 장사 수십 년에 이런 건 처음이라며 머리를 흔들었다. 도대체 모르겠다는 표정들이었다.

나는 딱 잘라 말했다. 칠순잔치 상에 올릴 음식이니 온전한 걸로 교환해달라고 했다. 다행히 주인은 오랜 경력을 가진 상인으로서의 늘품을 보여 주었다. 도저히 있을 수 없는 일이지만 시어른 칠순에 올릴 음식이라니 바꿔주겠다며 때마침 삶아내고 있던 문어와 교환해 주었다. 그렇지만 문제의 문어보다는 크기가 떨어지기에 별 고마움도 못 느낀 채 돌아왔다.

그 문어는 나에게 미스터리였다. 곰곰이 생각해보니 처음에 삶은 문어는 차 트렁크에 실어 집에 왔고, 바꾼 문어는 운전석 옆자리에 실어 왔다는 차이 밖에 없다. 뜨끈하게 삶은 문어가 트렁크 바닥에서 이리저리 쏠리며 다른 물건과 부딪히고 흔들렸을 수도 있었겠다. 만약 그랬다면 금방 삶은 연한 껍질이 벗겨질 가능성은 충분히 있지 않은가. 집에서도 낙지를 데쳐 금방 물기를 닦아보면 군데군데 허물이 생기는 걸 볼 수 있다.

'아뿔싸!' 나는 무릎을 쳤다. 좋은 문어를 샀다는 생각에 마음이 들떠 무심결에 트렁크에 싣고, 조심성도 없이 차를 몰았으니 그 모양으로 망가졌을 것이다. 알고 보니 성질이 급한 나의 실수였다. 그럼에도 마음 좋은 상인은 '효를 하는 음식'이라는 이유로 더 실랑이를 하지 않고 바꿔주었던 것이다. 나는 상인에게 염치없는 손님이었다. 이런 미안할 데가, 부끄러울 데가 어디 있을까.

나는 잘못된 일을 만나면 '바로잡아야겠다.'는 급한 성격 때문에 그냥 넘어가지를 못한다. 작든 크든 옳지 않다는 생각이 들면 그 자리에서 직설적인 표현이 튀어 나간다. 문어 사건만 해도 그랬다. 살아온 습성이 있어서 두서없이 나섰다가 쥐구멍을 찾게 되었지 않던가.

문어 사건 이후 한동안 후회를 했다. 이제는 좀 차분하자는 생각이 들었다. 경우에 맞지 않는 일이 벌어져도 일단 한 걸음만 물러서서 생각해보면 될 일이다. 내 마음을 다스릴 수 있는 좋은 기회가 아닌가.

오늘은 어머님의 첫 기일이다. 자정이 가까워서 차린 제사상에는 인물이 훤한 문어가 조용하게 앉았다. 담석증으로 내내 속이 불편하셨던 어머님은 평소에 문어를 즐겨 드셨다. 문어 머리에서 유난히 윤기가 흐르는 것은 내 마음일까. 고운 한복을 입고 들어오는 어머님의 얼굴이 문어머리만큼 환하다.

노래

70년대를 주름잡았던 가수 윤항기 선생님이 쉽게 꺼내기 힘든 인생 이야기를 들려주었다. 어린 시절 부모님을 잃고 동생과 청계천에서 거지 생활을 했다. 굶다시피 움막 속의 남매는 잠도 제대로 자지 않았다. 잠이 들면 얼어 죽기 때문이었다. 그냥 죽으란 법은 없다. 유랑극단이던 부모님의 영향으로 남매의 노래 실력은 대단했다. 먹고 살기 위해 어린 나이 때부터 미군부대에서 노래를 불렀다.

방법이야 저마다 다르겠지만, 노래는 지친 어깨를 펴게 하고, 슬픈 마음을 달래 주었다. 그가 구걸하는 생활을 하고, 폐결핵 말기 선고 후 시한부 삶을 극복할 수 있었던 것은 바로 노래였다. 노랫말을 새기며 부르는 노래가 희망이고 행복이었다.

되돌아보면 언제나 아버지의 노래를 어렴풋이 들으며 아침잠을 깼다. 한 곡 부르고 한 명 깨우고, 한 곡 부르고 또 깨우고, 아침마다 서너 곡은 수월하게 불렀다. 어떤 날은 비몽사몽간에 가락이 너무도 신명나게 들려서 등교 시간을 잊을 때도 있었다. 노래를 듣느라 잠을 깨고서도 뒤척거리는 것이 아침 버릇이었다.

아버지의 노래에는 고향을 그리워하고, 불효자임을 자처하기도 했으며, 애련의 감정도 보이고, 그런가 하면 마음의 위안을 찾는 소리도 들렸다. 흘러간 대중가요가 물 흐르듯 술술 나오는 아버지의 노래는 삶에 밴 솜씨였다. 아버지에게는 노래가 휴식이었으리라.

가만 생각해 보면, 살아생전 엄마의 노래는 들은 적이 없다. 좀 조용한 성격이고 부끄럼이 많아 노래를 안 부르는 줄로만 알았다. 알고 보니 음치였다. 한 귀로 흘려듣는 척해도 언제나 아버지 노래를 은근히 즐기는 일등 팬은 엄마였다. 부엌 안쪽에서 일하다가 잘 들리지 않으면 일부러 수돗가로 나와서 나팔꽃처럼 귀를 열고 노래를 즐겨 들었다. 아버지의 애창곡을 줄줄이 꿰고 있고 다음 곡은 어떤 노래가 나오는지도 미리 알고 있었다. 하기야 아버지가 젊었을 때 부산에서 열린 노래자랑에서 떨어졌지만 출연한 것을 늘 자랑스러워했으니 열렬 팬인 셈이다.

나는 혼자 있으면 버릇처럼 노래를 부른다. 그러고 보니 아버지를 빼 닮은듯하다. 설거지를 하다가, 빨래를 개다가, 청소를 하면서도 큰소리로 부른다. 그 옛날 아버지가 부르던 애창곡을 모창하면서 콧소리 창법으로 흉내 낸다. 누가 시켜서 관심을 가진 것도 아니고 귀동냥으로 스며든 셈이었다. 어떤 때는 샤워를 하면서도 부른다. 다들 경험이 있을 것이다. 샤워 부스 안에서는 진공 울림까지 있어 노래에 취해 눈물이 돌 때도 있다. 우리 부부는 보통 노래를 하고 나면 각자 아버지에 대해 대화를 나누는 편이다.

한번은 늦은 밤 거실에서 노트북으로 매일 들르는 동호회 카페에 들어갔다. 지인의 댓글에서 가수 배호의 '누가 울어'가 한 소절 올라와 있었다. 보는 순간 나도 모르게 아버지처럼 한 자락을 구성지게 뽑아 올렸다. 그때 방안에서 남편이 홍얼홍얼 노래를 보태며 나왔다. 내 노래에 대한 장단이었다.

남편은 노래를 잘 부르는 편이다. 장난끼 많은 머슴애처럼 우스워 보일 때도 있지만 우리끼리 노래를 주고받으면 기분이 좋다. 목소리를 맞추어 같은 선율로 부르다보면 아버지 생각이 많이 난다. 알코올 알레르기로 술을 한 잔도 못 마시는 남편이지만, 목소리는 예전 우리 아버지만큼 잘한다. 너절한 일상을 깨고 싶을 때, 안방의 라이브는 현대판 풍류가 아닐까.

노래는 내게 가슴을 열어준다. 말이 지니지 못한 열정과 표현을 지녔기 때문에 생활의 활력에 다가서도록 한다. 특히, 혼자 부를 때는 박자에 별로 신경을 쓰지 않고 소리도 죽일 필요가 없다. 나를 즐겁게 하고, 주변을 밝게 한다. 일상에서 부르는 노래는 맛나는 음식을 먹는 것처럼 마음에 위로를 준다.

어느 고승의 기록에도 나와 있다. 영묘사의 삼존대불을 만들면서 백성들의 힘을 합쳤던 일이 있었다. 삼존대불을 만들 때 쓰이는 찰흙은 사람들의 손으로 옮겨졌다. 흙이 있는 곳에서 법당까지 사람들이 늘어서서 흙을 손에서 손으로 넘겼고 스님은 그 흙을 받아 불상을 만들었다. 이때 스님은 힘을 덜기 위해 노래를 가르쳤다고 했다. 노래라는 건 대단한 힘을 갖고 있다. 노래를 부르면 왠지 힘이 솟구치고 활기를 되찾게 된다. 그래서 응원가라는 것도 있지 않을까.

예전에 시아버지께서도 춤, 노래를 엄청 좋아했다고 한다. 시골 마을에서는 일명 '가수'로 통했다. 녹음기가 각광을 받던 시절, 기념할만한 날이 오면 온 가족이 모여 노래를 녹음하여 보관할 정도였다. 보관하고 있는 녹음된 노래를 들어보면 목소리만으로도 부자간이다. 무엇보다 기억에 생생한 것은, 농악에서 벙거지에 달린 상모를 이리저리 돌리면서 갖가지 곡예를 보이는 상모놀이 솜씨가 경북 대표 실력이었다. 남편은 모임에서 실컷 놀고 집으로 오는 길에서 "울 아버지 반도 못 놀았다."고 아버지 이야기를 입버릇처럼 한다.

마음을 정화시키는 것이 노래다. 환하게, 슬프게, 그리고 경쾌하고 발랄하게도 해준다. 클 때는 아버지 노래를 들으며 자랐지만, 결혼을 해서는 남편의 노래를 들으며 살고 있다. 입이 큰 남편은 평소에 유행곡뿐만 아니라 음악책에 나오는 가곡을 즐겨 부르는 편이다. 어디서든 내가 흥얼거리면 어김없이 나타나서 한 소절 넘겨주기를 바란다. 출근할 때도, 퇴근하고 옷을 벗을 때도, 심지어 잠자리에서도 여가만 보이면 부른다. 옛 생각이 나는지 프로포즈로 불렀던 조니 호튼의 '어느 소녀에게 바친 사랑'을 가끔 부르기도 한다. 이런 그를 밖에서는 다들 과묵하다고 말하지만, 집 안에서는 오히려 뜻밖의 사람이다.

딸아이가 외출하고 돌아와서 옷을 갈아입으며 노래를 한 곡 쭉~ 뽑는다.

그 피가 어디 가겠는가.

제3부

어른은 아이의 거울

아재

아재를 면회하러 왔다. 삼복더위에 병원 문을 밀치고 들어서자 알싸한 소독약 냄새가 코를 자극한다. 입원환자 현황판 속에 '금선'이라는 이름이 눈에 띈다. 어렸을 때부터 '금성아재'라고 불렀던 기억이 새롭다. 집에서 어른들이 부르던 호칭을 따라 불렀었는데 이제야 보니 본명이었던 모양이다.

침대 위에서 구부정하게 돌아 누워 있는 모습이 아재가 맞다. 신부전증으로 십여 년째 고생하고 있다. 머리칼은 부스스하고 긴병에 검은 얼굴은 북어처럼 바짝 말랐다. 인기척에 고개를 돌려 쳐다보다가 놀라워하며 내 손을 덥석 잡는다. 어느새 불그레해진 큰 눈이 돌아가신 엄마를 닮았다.

아재는 겨우 여남은 살 때 6·25동란으로 피난 갔다가 부모님을 잃었다. 졸지에 고아가 되었으나 보육원에 입소하지도 못했다. 어쩌다가 직물공장에서 허드렛일하게 되었지만 당장 먹고 자고 할 공간이 없었다. 입에 풀칠도 어렵던 시절인 데다가 어린 나이에 가족을 모두 잃어버렸으니 밑절미가 깡그리 없어진 셈이다. 그런 와중에 공장 근처에서 내 부모님을 만났던 것이 우리 집과 인연으로 시작되었다.

엄마는 무남독녀로 외롭게 자란 탓에 사람을 좋아하는 성품이었다. 그러니 홀로 서 있는 아재를 보고 당연히 연민을 가졌을 것이다. 서로 외로운 처지라는 이유가 통했을까. 오갈 데 없는 아재를 집으로 처음들일 때에는 하늘에서 툭 떨어진 막내동생 같았다고 했다. 그래서인지 사슴을 닮은 동그란 눈이며 온순한 성격이 실제로 친남매처럼 보였다.

아재는 허약한데다가 고단한 공장 일 때문에 병치레도 잦았다.

입맛을 잃어 굶고 출근하면 엄마는 죽을 끓여서 공장 담 너머로 죽 그릇을 넘겨주고는 했다. 엄마는 친자식 대하듯 했다지만 속속들이는 혈육만큼이나 했을지는 아재만 알 일이다. 어린 마음에 헤어진 부모님이 얼마나 보고 싶었을까. 마음 한쪽에 둔 외로움이 키를 넘는 담장보다 더 높았을 수도 있다.

아재는 몸이 아파도 결근을 몰랐다. 물 한 모금도 그냥 오는 것이 아니라는 것을 일찍부터 알았다. 또래들과는 걸음걸이도 달랐다. 고사리손에서부터 하루하루 익힌 기술이 쑥쑥 자라서 마침내 큰 직물공장에서 최고기술자 대접을 받았다. 그 결과로 약관의 나이에 청춘만큼 빛나는 집을 장만한 젊은이가 되었다.

엄마는 아재에게 본보기상 이었다. 덩실한 집 한 채를 마련하고자 손톱 자랄 틈도 없이 움직이는 엄마의 성실을 닮아갔다. 엄마는 집에 사는 자취생이 더위를 먹으면 재래시장으로 쫓아가 수박을 사와서 퍼먹였다. 자취하는 학생들에게는 전기세도 받지 않았다. 엄마의 행동 하나하나가 아재에게는 교육이었는지도 모른다. 어쩌면 우리 집에서 살았던 환경이 아재에게는 복이었을 수도 있다. 물어보지는 않았지만, 아마 배필도 엄마를 기준 삼아 견주어 보고 결혼했지 싶다.

언젠가, 여름휴가를 내서 아재 가족들이 놀러 왔었다. 아재는 소원대로 삼 남매를 두어 호박넝쿨같이 올망졸망한 가정을 일구었다. 아재의 가족들은 촌수를 써가면서 우리 식구들에게 언행을 깍듯이 했다. 엄마는 만날 때마다 동지섣달 꽃 본 듯이 손을 꼭 잡았다. 그런 아재를 열 손가락 중에 엄지처럼 귀히 여겼다. 자연스레 진한 육친애를 느꼈다. 두 분의 얼굴에는 법열에 든 스님처럼 행복감이 돌았다. 그간의 이야기꽃을 낮 내내 피우고 저물녘에 집으로 돌아갔다.

그런데 잠시 후, 아재가 되돌아왔다. 황토색 빛깔이 반짝이는 민속장판을 전봇대처럼 둘둘 말아 어깨에 척 올리고 대문 안으로 들어섰다. 찢겨졌던 큰방 장판을 눈여겨본 후 신작로 장판 가게에서 사 들고 다시 왔던 것이다. 한여름날 눈동자가 따갑도록 떨어지는 홍건한 땀방울에도 아재의 손놀림은 빨랐다. 순식간에 헌 장판을 걷어내고 새 장판으로 말끔히 깔아 놓았다.

어릴 때부터 바지런함이 어련하랴. 엄마의 힘든 짐도 덜어주고 요모조모 집안일을 예사로이 보지 않았다. 내 집이라 여겼으니 빈틈이 없다. 그날 밤, 나는 새 장판에 누워서 몸을 흔들며 팔다리로 미끄럼타기를 하고 놀았다. 내 어찌 모를까. 그날 우리 아재가 깔았던 새 장판의 감촉이 여태껏 선명하게 살아있다.

엄마가 돌아가신 그 해도 불볕 여름이었다. 아버지 기일에 오신 아재는 기운이 하나도 없는 엄마와 마주 앉았다. 같은 해에 엄마는 폐암 선고를, 아재는 신부전증 진단을 나란히 받았다. 어쩌면, 적색경고 신세까지 숙명처럼 닮아 버렸다. 아재는 엄마의 종착지를 짐작이라도 한 듯, 상여처럼 앙상한 엄마의 손을 놓지 못했다. 지난날의 이런저런 이야기를 낱낱이 꺼내 주고받았다. 아재는 피붙이를 또 잃는다는 생각에 통곡하고 싶은 마음이었으리라. 웃다가, 울다가, 침묵도 하다가 헤어졌던 그날 밤이 두 사람에게는 마지막 만남이었다.

가슴 깊숙이 감사할 일을 묻어둔 사람은 행복하다. 피 한 방울 섞이지 않고 넉넉하지도 않은 생활에서 성장한 아재는 항상 보은의 마음을 가졌다. 지금도 잊지 못할 은혜라며 마음을 곱게 안고 살아가고 있다. 나 역시도 아재가 늘 고맙다.

마른 입술을 침으로 적신다. 옆 침대 환자에게 '조카'라며 나를 소개한다. 예전에는 병원비가 비싸서 몸 아픈 게 이만저만 무서운 것이 아니었다며 그 시절을 아찔해한다. 몸살을 앓을 때마다 생색 한 번 없이 자식처럼 돌보아 주었던 엄마를 그리워한다. 엄마 산소에는 얼마 만에 가보느냐고 몇 번을 묻는다. 그 힘 있고 조리 있던 말솜씨는 오간데 없고, 가래 끓는 목소리가 엄마의 부정맥 소리와 흡사하다.

병원 밖으로 나와 그늘 벤치에 잠시 앉았다. 돌아가신 엄마와 아재를 보면서, 타인도 내 안으로 들어오면 나의 일부가 될 수 있다는 것을 깨닫게 된다. 인연이란 얼마나 끈끈하며 아름다운가. 더위를 식혀주는 한 줄기 바람처럼 두 분을 떠올리며 자리를 털고 일어선다.

어른은 아이의 거울

초등학교 오 학년짜리 아들의 낯빛이 어두웠다.

등굣길에 준비물을 사러 간 문구점에서 황당한 일이 벌어졌다. 아들은 찰흙을 고르고 난 다음에 돈 천 원을 테이블 위에 올려놓고 사탕을 한 개 더 쥐었다. 그러던 잠깐 사이에 천 원이 감쪽같이 사라졌다. 바쁜 시간대라서 그런지 주인은 돈을 본적이 없다며 찰흙값을 빨리 내라고 오히려 다그쳤단다. 어쩔 수 없이 따로 넣어둔 오백 원 동전을 다시 주고 다른 것은 하나도 못 샀다며 전화 너머 볼멘소리를 했다.

주인이 서 있는 앞으로 분명히 돈을 올려놨다고 했다. 아들은 문구점 주인이 자신을 속였다는 생각을 했다. 어른에 대한 불신이 굳어지는 모습이 역력했다. 한창 자라나는 아이한테서 마음의 상처가 자리잡으면 어쩌나 생각을 하니 마음이 급해졌다. 너는 정직한 아이라고 애써 달랬다. 퇴근하자마자 같이 가서 알아보자며 걱정은 티끌만큼도 하지 말라며 다짐을 주었다. 엄마만 믿으라고 재차 당부했다. 그러잖아도 얼마 전에 당한 일이 아직도 생생한데 녀석은 얼마나 억울할까.

한번은 할머니 간병하러 병원에 갈 때였다. 동년배에 비해 덩치가 큰 편인 아들이 혼자서 시내버스를 탔다. 요금을 통에 넣고 거스름돈을 받으려고 서 있자 버스기사는 대뜸 중학생 요금으로 더 넣으라고 했다. 초등학생이라고 해도 믿지 않고 무조건 더 넣으라며 큰소리로 윽박질렀다. 아들은 가방을 열어 오 학년 교과서를 보여주었다. 그러자 버스기사는 거스름돈을 아이의 손에 건네지 않고 버스 바닥에 핑 던져버렸다. 아들은 버스에서 있었던 일을 하나하나 일러주면서 억울해서 울먹였다. 그러고는 다음에 커서 버스기사는 절대로 안 될 거라며 냉정하게 한마디를 뱉었다.

내가 보지 않고는 믿을 수 없는 장면이었다. 바닥에 돈을 던져 아이에게 엎드려 줍도록 상황을 만든 버스기사가 이해할 수 없었다. 본인도 자식을 키우지 않는가. 그리고 그 버스 안에 있던 다른 탑승객들은 무얼 하고 있었단 말인가. 아무리 어린아이지만 흔들리는 버스 안에서 엎드려 굴러가는 동전을 주울 때 심정이 어땠을까. 어떤 생각이 들었을까.

모두가 우리 아이다. 부모는 자식들의 무대이고, 교사는 움직이는 교과서다. 고래도 춤을 추게 하는 말 한마디로 한 아이의 일생을 바꿀 수가 있다. 오죽했으면 집에 놀러오는 어른 손님보다 꼬마 손님이 더 어렵다는 말을 하겠는가. 아이들이 큰 사람으로 자라려면, 어른이 좋은 거울이 되는 것이 세상의 이치인 걸 누가 모를까. 때린 사람은 좀체 기억을 못 하는 법이다. 정녕 어른들 때문에 아이들이 주눅 드는 일은 없어야 할 것이다.

종일 체한 듯 가슴이 갑갑했다. 저녁때까지 기다릴 수만 없어서 아들과 다시 통화를 했다. 까닭도 모른 채 어른을 불신해야 하는 아들에게 해결책을 찾아줘야 한다. 성격이 조용하고 꼼꼼한 아이다. 우려한대로 충격이 큰 탓인지 무겁게 한마디를 또 했다. 단골인 도

투락 문구점에는 이제 가지 않겠노라고 딱 잘라 말했다. 전화기를 놓으면서 심장이 멎는 듯 팔다리가 나른해졌다.

어찌할까 고민하다가, 퇴근길에 집으로 바로 가지 않고 아들 몰래 문구점 주인부터 만났다. 예상한 대로였다. 꼬마들이 바글바글한 아침 시간에 어떤 아이가 몰래 가져간 듯했다. 나는 문구점 주인에게 모의를 좀 하자고 부탁을 했다. 이러저런 얘기를 해보니 자식 키우는 심정은 같았다.

아들은 목이 빠지도록 기다리고 있었다. 내가 집에 들어서자마자 형사라도 만난 듯이 확신에 찬 걸음으로 문구점을 먼저 향했다. 주인은 아들이 들어서자 얼굴에 화색이 돌면서 소녀처럼 반겼다. 아침에 바쁜 시간 다 끝내고 바닥을 쓸어 내는데 천 원짜리가 탁자 밑에 떨어져 있었다고 했다. 돈을 올려놓았다던 네 말이 맞았다며 부탁하지도 않은 사과까지 했다. 안 그래도 내일 문구점에 오면 돈을 돌려주려고 챙겨뒀다는 주인의 말에 아들의 얼굴은 금방 세수를 한 듯 생기가 돌았다.

꼬인 수학 문제를 풀어낸 것처럼 후련했다. 뜻이 잘 전달되었는지 주인의 연기력을 보니 자식 키운 연륜이 깊었다. 자식 귀한 것은 매한가지다. 봄볕 산에 막 올라온 부드러우면서 통통한 고사리는 누구나 좋아한다. 힘들더라도 앉은 자세로 눈높이를 맞추어야 잘 채취할 수 있다. 말 한마디에 자식농사가 오갔다. 자식의 밝아진 표정을 보니 아침에 숭늉 한 그릇 마신 듯 막힌 속이 편안했다.

녀석이 팔짱을 끼고 바짝 붙더니 납작코 아기돼지처럼 해맑게 웃었다.

얼룩송아지

경주시와 일본의 나라시는 자매결연 도시다. 오랜 역사를 갖고 있는 두 도시는 수십 년째 문화를 교류하고 있다.

얼마 전, 교류 행사에 참여했다. 경주를 방문 중인 나라시의 일본인 합창단이 입장했다. 한 줄로 서서 무대를 향해 나란히 걸어들어가는 뒷모습이 중년부인의 고운 자태였다. 위아래로 검정색 캐주얼 옷차림에 빨간 스카프로 꾸민 소품이 돋보이는 단복이었다. 무대에 올라서서 돌아서는 얼굴을 본 순간 나는 깜짝 놀랐다. 언뜻 봐도 고희를 훨씬 바라보는 모습들이었다. 소위 시니어합창단이었다.

사회 겸 합창단을 인솔하는 지휘자가 고개를 숙이며 절을 했다. 인사를 너무도 깊숙이 해서 자리에 앉은 내가 박수 대신 맞절을 할 뻔했다.

우리나라 동요인 〈송아지〉를 합창했다. 합창단은 동요를 얼마나 많이 연습을 했던지 실제로 얼룩송아지들이 엄마 품에 안겨 웃고 있는 모습이 상상되었다. 엄마가 아기에게 들려주는 자장가 같았다. 합창은 자신의 소리를 낮추고 남의 소리를 듣는 노래다. 그들은 낮고 은은한 목소리로 화음을 맞추었다. 〈고향의 봄〉에 이어서 세계인들이 우리나라 애국가로 여기고 있는 〈아리랑〉을 부를 때에는 묘한 감정이 일었다.

이어서 지휘자는 나라시의 합창단이 〈송아지〉 동요를 매우 좋아한다고 했다. 오랜 역사와 문화를 교류하는 한국의 경주시는 엄마소이고, 나라시는 송아지라며 오래도록 이어온 정을 자랑스러워했다. 엄마소인 경주를 가리키며 엄지척 손짓을 보이면서 허리 숙여 다시 한 번 겸손을 표시했다. 일본인의 몸에 베인 모습이었다.

지휘자가 합창단을 소개했다. 나라시에서 경주를 방문하게 된 합창단 구성원의 평균 연령은 '팔십 이세'라고 했다. 팔순이 넘은 어르신들이 나란히 서서 목례를 했다. 천진난만한 아이처럼 순하고 착한 발음이 마음을 더 찡하게 했다. 시니어합창단을 향해 객석에서는 우레와 같은 박수와 앙코르가 쏟아졌다.

행사를 마치고 그들은 손을 흔들며 한 줄로 퇴장을 했다. 객석 사이로 쓱 지나는 그들 사이에서 이상한 향기가 났다. 익숙한 냄새였다. 어련히 채비를 했을까만 팔순의 나이에 나타나는 요실금 현상은 어쩔 수 없을 것이다. 며칠 동안 해외에서 잠을 자고 머물다보니 많이 불편했으리라.

앙코르로 다시 들었던 〈송아지〉를 부르며 불현 듯 돌아가신 엄마 생각이 났다. "엄마소도 얼룩소 엄마 닮았네." 소절에서 얼룩송아지가 너무나 부러웠다. 엄마가 보고 싶다.

엄마의 소원

호미를 들고 뒷동산에 올랐다. 포슬포슬한 붉은 황토에서 알토란 같은 햇감자가 쏟아졌다. 호미가 들어가기 무섭게 주렁주렁 매달려 나왔다. 맛있는 타박감자였다. 그것을 가슴에 한가득 안았다. 꿈이었다.

햇감자가 나오는 계절에 태어난 아들은 뱃골이 남달랐다. 갓 세상에 나왔을 때부터 우유병 꼭지를 물면 놓지 않았다. 여러 번 나눠 먹을 우유 표준량을 쉬지도 않고 한번 만에 다 먹었다. 신생아실에서도 많이 먹기로 소문이 났다. 잘 먹는다는 것이 건강하다는 징조로 알았다.

태몽부터가 탄수화물 덩어리였다. 아들은 달달한 케이크보다 밥을 더 좋아했다. 된장 맛을 알고부터는 머슴밥을 먹었다. 한 끼도 거르는 법이 없었다. 한잠 자고 일어나서도 밥을 찾고, 간식까지도 밥으로 먹더니 아예 그것이 습관이 되어버렸다. 결국, 임산부처럼 허벅지뿐만 아니라 아랫배, 팔 안쪽에서도 살이 미어졌다.

날이 갈수록 성난 근육은 더 울퉁불퉁했다. 웃는 얼굴에 구슬처럼 들어가는 보조개도 있건만, 적당히 통통하면 얼마나 귀여울까. 자식 입에 밥 들어가는 것만 좋아했던 나였다. 밥을 먹을 때마다 내 밥까지 더 들어 주었다. 아들을 보면서 나중을 생각 못한 것이 이 사태를 만들었다는 생각이 들 때마다 가슴이 먹먹했다.

중학생이 되어, 소풍날은 자율 복장을 했다. 한창 들떠 있을 나이에 아들은 이번에도 기분이 미지근했다. 옷을 살 때마다 스트레스를 받았다. 어깨를 넣으면 실밥 터지는 소리가 났고, 다리를 끼우면 허벅지에서 더 이상 올라가지 않았다. 옷가게를 뱅글뱅글 돌았지만 맞는 옷이 없었다. 어쩔 수 없이 마지막에는 어른들이 입는 등산복

가게를 찾았다. 아이가 어른 옷을 입으니 그 모습이 어떻겠는가.

그래도 키울 때는 나름대로 규율을 정했다. 빌 게이츠가 자식을 키울 때 열네 살이 되기 전까지 스마트폰을 사주지 않았듯이, 나는 인스턴트 식품을 거의 사주지 않았다. 그런 식품만 절제하면 비만은 없을 줄 알았다. 기름진 치킨은 방학을 하는 기념으로 일 년에 세 번만 사 주었다. 피자는 아예 언급을 안 했기 때문에 아들도 응당 그런 줄 알았다. 한번은 봄방학을 기념으로 닭다리를 뜯다가 갑자기 가을방학도 있었으면 좋겠다고 해서 온 식구가 박장대소를 했다. 그럴싸하게 응석을 부리지만 아들은 약속을 잘 지키는 주의였다.

언젠가 고기로 외식을 할 때였다. 이번에도 아들에게 간식을 미리 먹이는 방법을 택했다. 일단 골목에 있는 포장마차로 데려가서 좋아하는 어묵을 먹였다. 적당히 배를 채운 후에야 식당으로 갔다. 숯불에 고기 익는 냄새가 코끝을 자극했다. 야들야들하게 양념한 석쇠 불고기를 굽기 바쁘게 혼자서 오인 분이나 넘게 먹었다. 예상대로 출출한 상태에서 먹였다면 큰일을 낼 뻔했다. 물론 돈도 겁이 났다.

어느 날 슬그머니 어묵 이야기를 꺼냈다. 묵혀둔 내 고백을 듣자

아들의 입에서 단박에 나오는 말이 "우리 엄마, 계모 아이가?" 하면서 억울한 표정으로 배시시 웃었다.

'세 살 버릇 여든까지 간다.' 신생아 때 우유병 잡고 놓지 않던 본능이 평생 가면 어쩌나 걱정이지만, 잘 먹고 잘 자는 건강한 자식이 반은 성공이라는 말에 위안을 삼는다.

사랑하는 친아들!

일전에 구내식당에서 인사성이 밝아 돈까스를 하나 더 받았다는 소식에 아들이 기특했다. 그렇지만 새파란 녀석이 버스 뒷자리에 앉아 탱크 구르는 소리로 코는 골지 않았으면 좋겠다. 그리고 무엇보다도 또래의 옷을 입고 다니는 모습이 이 엄마의 소원이란 걸 알기 바란다.

불청객

주택의 마당은 역시 봄이다. 아침 이슬에 싱싱한 자주달개비며, 지난겨울을 숨어 지낸 꽃잔디 분홍이 일파만파다. 때마다 찾아가서 보려고 숨겨놓은 모란이 부귀영화를 꿈꾸고 있다. 복주머니 꽃이 달랑거리는 금낭화며, 방년 스물에 피어오르는 미스김라일락이 살결 위로 스며든다. '삼월의 바람과 사월의 비가 오월에 꽃을 피운다.'는 영국 속담이 내 마당에 와 있다. 이제 머지않아 꽃 잔치가 펼쳐지리라.

살아 있는 생물들은 손이 가는 만큼 자란다. 석류꽃이 낯가림을 하느라 두 해만에 올라왔을 때, 콩알 같은 매실이 소복하게 매달려 내 손으로 딸 때, 가장 늦게 겨울잠에서 깨어나 충실히 열매를 맺는 대추나무의 뚝심이 좋다. 대기만성을 보면서 혼자 즐거움이 아까워 은근히 방문객을 기다리기도 한다.

아침에 눈을 뜨면 할 일이 많다. 눈 가는 데마다 녹두를 뿌려 놓은 듯 잔디마당은 온통 연두다. 그 위로 아침 참새가 참기름을 바른 듯 좌르르 눕는다. 여린 것들은 뭉쳐서 살아간다. 초록 공기를 마시며 뿌려 놓은 상추 씨앗을 새들이 쪼아먹을까 봐 짚을 다시 여민다. 언 땅에서 다시 자란 움파며 나무 끝에 매달린 새순들이 봄철 나물로는 그만이다. 보들보들한 뽕잎, 감잎, 오가피 등 봄나물을 따서 햇살에 말린다. 누구는 가을 송이를 기다린다지만 나는 봄나물을 기다리는 봄이 좋다.

하지만 정자 좋고 물 좋은 데가 어디 있으랴. 주택이 좋지만 들락거리는 불청객들 때문에 탐탁지 않다. 잔디 마당에는 풀어 놓은 동네 강아지들이 화장실로 이용했다. 똥을 누다 화들짝 놀라는 개를 쫓으려고 마당을 뱅글뱅글 돌기가 일쑤였다. 길고양이도 슬렁슬렁 다니면서 제 볼일을 다 본다. 멸치 볶는 냄새를 귀신같이 맡고 주방

방충망 앞에 와서 달라는 듯 빤히 쳐다본다. 어림도 없다. 나는 딴전을 부리다가 너무 오래 붙어 있으면 쫓아냈다. 그래도 피하지 않으면 주걱으로 위협을 했다.

어릴 때부터 만져서 물컹거리는 것은 다 징그러워했다. 그것이 싫어서 동물 기피증까지 있다. 물기라도 할까 봐 겁이 나서 미리 방어하다가 낭패 본 일이 한두 번이 아니다. 집 대문 안에 묶어 키우는 십년지기 발바리도 내가 먼저 책가방으로 밀치며 다녔으니 오죽했을까.

가랑비가 그친 어느 날 오후였다. 남새밭에서 저녁 반찬으로 상추를 따 나오다가 기절초풍 할 뻔했다. 내가 늘 다니는 텃밭 길목에 팔뚝만 한 허연 쥐가 너부러져 있었다. 누군가 금방 갖다 놓은 듯 빗물에 많이 젖지도 않았다. 순간, 고양이가 생각났다. 일전에 멸치도 안 주면서 생명에 위협까지 받았던 고양이 짓이 분명했다. '동냥은 못 할망정 쪽박은 깨지 말라'는 말이 머리를 지나갔다. 몸이 오싹했다.

언젠가 어느 절에서도 이와 비슷한 일이 있었다. 스님 방문 앞에 고양이가 자꾸 찾아와서 성가시게 했다. 참다 못한 스님은 고양이가 두 번 다시 얼씬도 못하도록 따끔하게 겁을 주었다고 했다. 그런

일이 있고 며칠 후, 새벽 예불을 나가던 스님이 그 자리에 풀썩 주저앉고 말았다. 방문 앞에 새까만 쥐꼬리가 소복이 놓여 있었던 것이다. 틀림없이 고양이의 보복일 것이라고 추측했다.

겁도 나고 궁금해 견딜 수가 없었다. 고양이가 가장 좋아한다는 쥐나 쥐꼬리가 왜 그 자리에 있었을까. 무뚝뚝한 남자처럼 표현을 아끼는 고양이 속을 어떻게 알 수 있을까. 그렇다고 전문가를 찾을 수도 없는 노릇, 반려동물로 고양이를 키우는 동생에게 이 사실을 알렸다. 직장 동료에게도 물어봤다. 답은 둘 다 똑같았다. 고양이는 보은할 일이 있으면 자신이 가장 아끼는 쥐를 선물한다는 것이었다. 이 설명이 생물학적으로 타당한지는 잘 모르겠으나, 그 이야기를 듣고 괜히 고양이에게 미안한 마음이 들었다.

그러다 이 책이 생각났다. 나쓰메 소세키가 쓴 《나는 고양이로소이다》는 일상적인 인간 모습들을 고양이의 시선으로 풍자했다. 고양이는 집주인이 퇴근하면 곧바로 다락으로 올라가자 항상 공부를 하는 줄 알았다. 어느 날 잠만 자는 주인을 발견한 후로는 저런 선생은 나도 얼마든지 하겠다며 주인을 한심한 인간으로 여겼다. 교사, 변호사, 시인 등 지식인의 군상과 사회에 대한 비판이 우스꽝스러웠지만 남의 일 같지 않았다. 내 마당의 고양이도 나를 얼마나 겁

많고 인정머리 없는 인간으로 봤을까.

그리고 마음을 바꾸었다. "야옹!" 알리며 마당을 지나가는 얼룩고양이나 뒤가 급할 때만 나타나는 풀어놓은 동네 강아지를 보면 살갑게 대했다. 녀석들이 볼일을 보고 있으면 기다렸다가 오물을 비닐에 담았다. 설사라도 싸 놓으면 어디 아픈가 걱정도 했다. 마음을 열고 보니 보은인 것을, 전에는 무턱대고 애만 썼으니 나도 참 딱했다.

햇살 좋은 낮에 노란 육수를 뽑았다. 멸치, 밴댕이, 보리새우 건져서 지나가는 야옹이를 불렀다.

"자, 오늘은 회식이다."

무턱대고 숨더니 믿음이 갔는지 슬금슬금 다가왔다. 처음으로 차려준 나의 진수성찬이다. 봄을 맞이하여 불청객과 친하게 되어 무척 기쁘다.

두유 한 잔

정수기가 말썽이다. 비눗방울 같은 투명한 얼음이 나오지 않는다. 그간에 아무 탈 없이 얼음이면 얼음, 냉수면 냉수, 뜨거운 물도 꾹 누르면 요술처럼 술술 나왔다. 말 잘 듣던 아이가 갑자기 반항이라도 하듯 애를 먹여 당황스럽다.

정기적으로 방문하는 플래너에게 연락을 했다. 집이 가까운지 벼락같이 달려왔다. 공기구를 꺼낸 그녀는 정수기를 살피더니 하나하나 분해했다. 기계치인 내 눈에는 젊은 새댁의 몸으로 저렇게 적극적일 수가 있을까 싶어서 놀랍고 신기했다.

한 삼십 분 지났을까. 그녀는 얼마나 자신감에 차 있던지 한여름에 웃고 있는 나팔꽃처럼 환하게 설명했다. 점검을 하다가 아예 정수기를 해체하여 대청소를 했다면서 명쾌한 답을 내놓았다. 정수기에도 냉장고처럼 냉각기가 있는데, 얼음이 나오는 곳에 성애가 사뿐히 내려앉아 막혔다는 것이다. 그녀가 방문할 때마다 건강한 물을 지켜주겠다던 약속을 실천하는 그런 모습이었다.

오랜만에 야무진 사람을 만났다. 내 마음에 쏙 들었다. 자그만 손으로 조물조물 나물 무치듯이 청소까지 금방 끝냈다. 몸은 아담하고 눈이 왕사탕처럼 빛나는 그녀의 모습은 빈틈이 없었다. 어떻게든 충분한 설명을 하고자 분홍빛 잇몸을 환하게 드러내었다. 발음까지 똘똘해서 노래를 부르면 꾀꼬리 소리가 곧 쏟아질 것만 같았다. 그런 그녀는 정수기 회사의 단정한 조끼 유니폼이 참 잘 어울렸다.

일이 마무리되고 우리는 식탁에 마주 앉았다. 나는 너무 고마워서 뭐라도 주고 싶었다. 아침에 만들어 놓은 두유를 내었다. 한 모금 맛보더니 목이 탔던지 단숨에 들이켰다. 갈증을 해소하듯 저렇게 마셔주니 덩달아 내 속이 시원했다. 마지막 한두 방울까지 조심스럽게 마시면서 “아, 이 두유 직접 만들었어요?” 했다. 지금껏 먹어본 두유 중에 맛이 최고라며 엄지척까지 내보였다. 동그란 눈을 반짝이며 레시피가 궁금해 죽겠다는 표정으로 쳐다보았다. “그냥 우유에 볶은 콩가루 탔어요.” 라며 간단하다고 말했다.

그녀는 마치 회사를 대표하는 사람처럼 정수기에 대해 다시 조근조근 설명을 했다. 어느 회사 상품이든 정수기는 한 5년이 지나면 서서히 몸이 아파져 여기저기 통증을 호소하다가 병원 신세를 진다는 것이다. 수리를 하기 시작하면 연이은 고장으로 인해 수리비도 부담되고 불편도 느낀다고 했다. 지금 7년째 사용 중인 정수기가 탈이 나기 시작했으니 이참에 최신형으로 교체를 하면 어떠냐고 권유했다.

나는 갈등할 것도 없이 고개를 끄덕였다. 신상품에는 정수기 속에 부착 되어 있는 노즐마다 자동 살균 기능이 추가 되어 있단다. 일명 ‘살균얼음정수기’라고 했다. 정수기 색깔은 흰색과 검은색이 있는데 기존에 검은색을 사용해 봤으니 이번에는 흰색도 괜찮을 것 같다며 추천을 했다. 흰색은 가격도 약간 싸다는 말을 덧붙였다. 갑자기 어디서 홀린 듯이 젊은 그녀가 무조건 내 편인 양 느껴졌다.

친절, 신뢰, 만족을 느끼게 해준 전문가의 권유에 따라 정수기를 바꾸기로 했다.

계약을 끝내고 허리 굽혀 인사를 하면서 그녀가 내 집을 나섰다. 정말 맛 나는 두유를 잘 먹었다며 입가에는 미소가 활짝 피었다. '아는 맛이라서 더 맛있었겠지요.' 나는 쑥스러워 속으로 답했다. 다음에 또 만나자며 우리는 손을 흔들었다.

저 멀리 하늘가에 오늘의 스마일이 번졌다.

모르는 게 약

퇴근길이었다. 감포 고갯길을 막 들어서는데 늙수레한 산골 아저씨가 팔을 흔들며 차를 세웠다. 가까이서 보니 늦가을 바람에 몸을 움츠렸다. 금방 날이 어두워지겠다 싶어 차를 세웠다.

그는 타자마자 무안할 정도로 굽실굽실 거리며 인사를 했다. 요 고갯길 너머 동네에 산다면서 들통 하나를 발 사이에 놓고 양발로 꽉 잡았다. 이곳에는 버스가 자주 다니지 않아 가끔 지나가는 승용

차를 세워서 신세를 진다고 했다. 만약에 타고 가다가 사고라도 나면 절대로 책임을 안 지게 한다며 묻지도 않은 일에 손사래를 치면서까지 설명했다. 나는 미소로 대답했다. 이제야 한숨을 돌렸는지 힐끔거리며 내 얼굴을 몇 번이고 쳐다봤다. 차분하게 운전하는 모습이 얼굴하고 꼭 닮았다며 농담인 듯, 진담인 듯 인사를 또 했다.

듣는 순간 속이 뜨끔했다. 과속하다가 접촉 사고를 낸지 불과 며칠 되지 않았다. 자동차로 한 시간 거리를 출퇴근하다 보니 자동차에 자질구레한 문제가 가끔 발생했다. 출근 시간을 간당간당 맞추며 다니는 버릇 때문에 운전을 급하게 했다. 늘 혼자만 타고 다녀서 옆자리에 배려할 일이 없으므로 운전을 거칠게 하는 습관도 있다. 그런데도 칭찬을 들으니 속으로 우습기도 하고 그에게 조금 미안하기도 했다.

고개를 넘어서자, 그는 서서히 내릴 준비를 했다. 똑바로 보이는 언덕 위에서 잘 생긴 소나무 앞에 내려 달라고 부탁했다. 그러면서 들통 뚜껑을 툭툭 치다가 한번 들썩거려 보더니 얼른 다시 닫았다. "이놈들이 벌써 겨울잠 자러 들어갔는지 없어서 늦도록 잡았네." 라며 밑도 끝도 없는 혼잣말을 했다. 억지로 한 통 채운다고 저녁까지 시간이 걸렸다는 둥, 뱀탕집에는 내일 아침에 넘겨야겠다는 둥, 중

얼중얼 알아 듣도 못하는 말만 계속했다.

헉, 그럼 저 들통 속에 뱀이 우글우글 하다는 말이 아닌가. 나는 하마터면 운전대를 놓칠 뻔했다. 말문은 이미 턱 막혔고, 불과 백 미터도 안 남은 거리를 두고 백리 길을 가는 듯했다. 온몸이 오글거려서 도착하자마자 얼른 내리라며 다그쳤다. 그는 잘 타고 왔다는 인사말과 함께 발을 이쪽저쪽 들어보며 차 밑을 유심히 살폈다. 터벅터벅 걸어가는 뒷모습은 마치 뱀이나 산나물이나 똑같다고 여기는 사람 같았다.

누군들 뱀을 좋아하랴. 산을 오르다 지나가는 뱀 꼬리만 봐도 간담이 서늘하거늘 한동안 기분이 언짢았다. 온갖 뱀이 다 생각났다. 어느 날 군견이 수색을 하다가 독사에게 물려 죽었다는 뉴스가 떠올라 다시 가슴이 내려앉았다. 뱀 그림이 있는 하얀색 셔츠를 입고 도마뱀에게 사랑스런 눈빛을 보내는 파충류 학자 얼굴도 생각났다. 좁은 차 안에서 바글거리는 뱀과 함께 드라이브를 했다는 사실만으로 아는 게 병이 되었다.

불현듯 어느 군인의 입담이 떠올랐다. 동료 한 명과 야간 보초를 마치고 막사로 가는 길목에서 바닥에 떨어진 닭 한 마리를 발견했단다. 달밤에 누가 볼세라 얼른 주워 막사 뒤로 가서 그것을 삶았다. 어찌나 구수하던지 정신없이 뜯어 먹었다고 했다.

다음 날 아침, 군인은 간밤에 먹었던 닭이 생각나서 뼈다귀라도 한 번 더 보려고 슬슬 가 보았다. 그런데 뼈다귀 주변에 허연 밥풀이 흩어져 있어 자세히 들여다보았다. 불어터진 구더기였다. 닭 속에 가득 든 구더기까지 먹으면서 툭툭 흘린 것이었다. 그 자리에서 군인은 심한 구토와 함께 몇 날 며칠을 굶다시피 했었다. 그 후로는 닭고기라면 쳐다보지도 않는다고 했다. 모르는 게 약이었다.

그나저나 고민이다. 앞으로 이 고갯길에서 사람을 태우나? 마나?

엇박자

군에 있는 아들의 전화선에서 경쾌한 목소리가 들려왔다. 휴가를 받아 집으로 오고 있다고 했다. 하기야 그간의 부대 사정으로 포상 휴가를 받아 놓고도 서너 차례나 밀려서 애가 탔던 터라, 일 년 만에 집에 오니 얼마나 좋았을까.

자식이 온다니 한량없이 기뻤으나 등에서 진땀이 빠작빠작 났다. 미리 연락도 없이 갑자기 휴가를 나오다니 큰일이었다. 남편도 며칠간 집을 떠나있고, 나도 중요한 선약이 있었다. 휴가를 받아오는 아들에게 소홀 할 수도 없지만, 그렇다고 한 달 전부터 해놓은 약속을 깰 수도 없지 않는가. 이상하게 아들하고 엇박자가 자꾸 나는 것 같아 속이 상했다.

신병 훈련을 마친 아들의 수료식에 갔을 때도 그랬다. 새벽부터 서둘러 출발했지만 부대 근처에서 순간 길을 잘못 들어 늦게 도착하고 말았다. 수료식 날 훈련병의 계급장은 가족들이 직접 달아주었다. 수백 명의 훈련병은 부모님으로부터 계급장을 받고 거수경례를 멋있게 했다. 간혹 가족이 수료식에 못 오는 사정이 있으면 소속 장교가 부모님을 대신했다.

푸른 물이 뚝뚝 흐르는 군복을 입은 아들의 눈시울이 붉어졌다. 애써 눈물을 참는 자식을 보는 순간은 가슴을 큰북으로 내리치는 듯했다. 아들은 부모님을 대신해서 계급장을 달아준 소대장에게 인사를 시켜 주었다. 부모의 심정이 되어준 그분에게 고마워서 몸 둘 바를 몰랐다.

"아버님, 어머님 괜찮습니다. 경상도에서 강원도까지는 워낙이 멉니다."

소대장은 아무 말 없이 부모님만 기다리기에 대신해서 계급장을 달아줬다고 했다. 동생처럼 여기는 소대장의 따뜻한 말 한마디에 우리나라 방위에는 아무런 문제가 없을 듯 훈훈해 보였다.

그날, 늦게 만난 아들은 눈이 아프도록 부모님을 기다렸을 것이다. 훈련을 무사히 마친 훈련병의 구리 빛 얼굴은 웃고 있었지만 마음은 쥐가 나도록 초초했으리라. 계급장을 달아주며 가슴 뿌듯한 교감을 서로 간직할 수 있는 절호의 기회를 놓쳤다. 애석하게도 일생에 한 번 뿐인 빛나는 시간에 엇박자를 냈으니 평생 아쉬움으로 잊지 못한다.

사람이 살다 보면 엇박자를 만나는 것이 어디 한두 번이겠는가. 스쳐 지나가는 소소한 것이나, 두 번 다시 돌아오지 않는 것이나, 영원히 잊을 수 없는 일도 어긋날 수 있다. 오히려 그것 때문에 또 다른 방책을 얻기도 할 것이다.

자식에게 뿌듯한 계급장을 달아주는 일은 놓쳤지만, 그로 인해 오래도록 간직할 애틋한 정 하나를 낳았다.

봉황대

봉황대를 한 바퀴 돌다가 느티나무 그늘에 섰다. 경주 시내 한가운데 자리잡은 봉황대는 무덤이라기보다 소싯적 뛰어놀던 뒷동산 같다. 봉분 위에는 느티나무가 보란 듯 가로수처럼 자라고 있어 봉황대만의 특징이기도 하지만, 왠지 나는 애잔함이 서려 있는 듯하다.

예로부터, 무덤에는 잡풀 한 포기 자라는 것도 꺼리는 정서이건만 무슨 연유로 저 큰 나무들이 무덤 위에서 자랐는지 모르겠다. 세월을 가늠할 수 없을 만큼 고목이 되기까지 얼마나 많은 불안과 역경에 시달렸을까. 나무는 나무대로 뿌리째 뽑혀 나갈까 봐 안간힘으로 버티고, 능은 능대로 파고드는 뿌리에 따깜질 당하지 않으려고 눈살을 찌푸렸을 것이다. 봉분을 올려다보니 우수의 그림자가 내 가슴 안으로 내려앉는다.

십여 년 전, 엄마는 폐암 진단을 받았다. 지독한 항암치료를 받다가 실신까지 했다. 이러다가 치료받는 중에 죽겠다며 동생들이 그만 중단하자고 졸랐다. 나는 고개를 가로저었다. 의사가 치료를 계속하지 않으면 석 달 이내에 사망한다고 단호하게 말했기 때문이다. 어떠한 일이 있어도 치료를 이기고 꼭 살려야 된다는 것 외엔 아무것도 생각할 수가 없었다.

다행히 엄마는 일 년을 견뎠다. 칠월 초순인데도 폭염이 시작되어 한증막처럼 무더웠다. 찜통 같은 어느 날, 힘들어하는 엄마에게 소원을 물었다. "산에라도 가서 실컷 한 번 울고 싶다." 는 뜻밖의 대답을 했다. 가슴이 철렁했다. 병색이 자꾸만 짙어지니 혹시 유언이라도 하려는 걸까, 아니면 자식들이 쉬쉬해오던 병명을 눈치라도 챈 것인가. 알아차렸다면 어디서부터 어떻게 설명을 해야 할까. 생각지도 않았던 엄마의 소원이라는 말에 나는 정신이 번쩍 들었다.

엄마가 우리 집에 머물 때였다. 해거름이면 임금이 누워있다는 봉황대에 놀러가서 한참을 올려다보던 엄마 모습이 생각났다. 아무도 없는 곳에서 실컷 한 번 울고 싶다는 소원을 들어주기로 했다. 옛날에도 백성들이 억울한 일을 당하면 임금님을 향해 호소했다지 않던가. 그러니 내 엄마도 왕릉 앞에서 마음 놓고 울면 속이라도 후련해질 것만 같았다.

봉황대에 가는 날, 엄마는 소풍 가듯 아침 일찍부터 서둘렀다. 수시로 올라오는 구역질을 조절해가며 죽 한 그릇을 힘겹게 비웠다. 항암치료 중 잃었던 한쪽 다리를 긴치마 속으로 감추었다. 빠진 머리카락이 다시 올라와서 파마를 한 머리는 물을 묻혀 빗었다. 한 번씩 두통으로 찡그릴 뿐, 기분이 좋아 약간 들떠 있었다. 나는 마지막으로 점심거리를 소쿠리에 담고 봉황대로 나갈 준비를 끝냈다.

바로 그때였다. 엄마가 갑자기 쓰러졌다. 붙잡을 겨를도 없이 신음소리를 내며 치마폭 속으로 무너졌다. 큰 소리로 엄마를 흔들었지만 대답만 희미하게 할 뿐 거실바닥에 묽은 변이 쉼 없이 흘러내렸다. 나는 고함을 지르며 울부짖었다. 남편 등에 업힌 엄마의 몸은 처졌지만 팔에 들어 간 힘은 쇠막대기처럼 단단했다. 엄마는 남편의 목이 졸리도록 끌어안고 매달렸다. 죽 먹을 힘도 없었던 환자로서는 이승의 힘이 아니었다.

응급실에 들어갔을 때는 이미 의식 불명이었다. 정밀 검사 결과는 피범벅이 된 뇌출혈이었다. 이 상태라면 오래전부터 머리가 터질듯이 아팠을 것이라고 했다. 당장 수술을 해도 살아날 가망이 없고, 깨어나도 식물인간으로 여생을 보내야 한다고 했다. 나는 의사에게 살려달라고 매달렸다.

병원 이발사는 엄마의 꼬부랑머리를 신작로처럼 숭숭 밀어냈다. 자식들이 겨우 자란 머리에 파마를 해서 새사람 만들었다며 엄마는 손에서 거울을 놓지 않았었다. 파마머리는 자식들에게 샘물 같은 희망이었다. 하지만 순식간에 다시 민머리가 되어버렸다. 실컷 울고 싶다던 엄마의 소원도 불시에 밀려나갔다. 그 후, 다시는 파마를 하지 못했다.

처음에 암 진단을 받고 '폐암말기'라는 단어가 너무나 무서웠다. 삼 년도 아니고 삼 개월 남았다고 하는 의사의 진단이 두려웠다. 칠십 년의 세월을 삼 개월 동안에 정리하라니, 생명이 불과 얼마 남지 않았다는 사실을 엄마에게 도저히 알릴 수가 없었다. 항암치료를 받다가 머리카락이 뭉텅뭉텅 빠져나가도 자식들은 담합하여 끝까지 입을 다물었다.

아무리 생각해봐도, 엄마는 병을 진즉에 눈치 채고 있었던 것 같다. '실컷 울고 싶다'는 소원을 참다 참다 지금에야 말했던 것이 분명했다. 자식의 어미로서, 한 가정의 어미로서 해야 할 일과 하고 싶었던 말이 봉황대의 잔디만큼이나 많았을 것이다. 암 덩어리가 육체에 퍼지면서 겪었던 시간이 손가락으로는 일 년이지만, 고통은 십 년도 넘었으리라.

결국에는 분출할 마지막 울음조차 놓쳐버렸다. 하루만 더 살았어도 봉황대의 느티나무가 흔들리도록 통곡을 했을 것이다. 자식들은 이제 꼼짝없는 죄인이 되었다. 두렵게 한 죄, 고통을 준 죄, 이승의 하직을 돕지 못한 죄가 명치끝에 걸렸다.

오늘따라 봉황대의 느티나무 숲에서 매미의 목이 찢어진다.

이쁜 효녀

길을 가다가 요즘 젊은 아가씨의 요란한 귀고리를 보면 직장에서 만났던 그녀가 그려진다.

신입 직원이 들어왔다. 긴 머리를 모아 뒤로 헐렁하게 묶은 아가씨였다. 그녀는 두 귓불이 늘어질 정도로 큼직한 귀고리를 달고 있었다. 90년대 만해도 보기 드물게 화려했다. 중증 장애인들을 돌보기에는 좀 센 모습이었다.

'왜 이런 복지시설에 어울리지도 않는 사람을 뽑았을까.' 예의 주시하면서 지켜본 그녀는 아주 씩씩했다. 시설이용자들과 둘러앉아 노래도 불러주고 동화책도 읽는 소리가 복도로 새어 나왔다. 이 방 저 방 왕래하며 다 함께 어울려 소꿉놀이도 했다. 내 눈에는 늑대의 탈을 쓴 순한 양 같았다.

그녀가 근무한 지 그럭저럭 한 달이 넘을 때였다. 현관을 들어서는데 복도 끝 어디쯤에서 기타 소리가 들렸다. 소리를 따라 들어간 방에서는 그녀를 중심으로 시설이용자들이 빙 둘러앉아 노래를 따라 부르고 있었다. 손뼉 치며 좋아하는 그들이 흥에 빠져 아주 신이 났다. 손가락이 빨갛도록 기타를 치고, 기타 소리에 맞춰 부르는 노래가 마치 콘서트에 온 분위기였다.

햇살 좋은 어느 날 그녀와 커피를 한 잔 했다. 이런저런 이야기를 하다가 그녀의 가정사를 들었다. 수년 전부터 아버지가 중풍으로 누워 계시고 엄마가 바닷가 회센터에서 일을 한다고 했다. 그녀가 학교를 졸업하자마자 선뜻 장애인을 돌보는 직장을 택한 것도 아버지 때문이라고 했다.

자리보전을 하고 있는 아버지한테 조금이라도 기쁨을 주려고 기타를 배웠단다. 말은 못 해도 딸내미 노래를 들으며 좋아하는 아버지를 위해서 열심히 배운 기타 실력이었다. 아버지가 좋아하는 흘러간 노래를 부르며 기타를 배웠다는 그녀의 눈망울이 흡사 효녀 심청이 같았다.

중학교 시절 내 아버지도 뇌졸중이 왔었다. 오른쪽 팔다리에 중풍을 맞아 언어장애까지 수반되었다. 무엇을 얼마나 충격을 받았는지 검정콩 밥과 고등어구이에만 집착을 했다. 그것도 하루에 여섯끼 이상을 드셨다. 밥을 드시고 돌아서면 또 밥을 달라는 표시를 했다. 금방 드셨다며 밥을 주지 않으면 몸부림을 쳤다. 이동도 못하고 말도 못했으니 얼굴빛으로 울그락불그락했다.

나는 그런 아버지가 부담스러웠다. 조금은 불쌍했지만 그렇다고 아버지 가까이 다가가서 대화를 하고 욕구를 들어줄 마음이 쉽지 않았다. 대신에 아버지와 함께 해가 뜨는 동쪽을 향해 앉아 기도를 했던 기억이 났다. '우리 아버지 밥 적게 먹게 해달라고…….' 어리지도 않건만 큰 것을 놓치고 산 셈이다.

직원회의가 있는 날이었다. 그녀에게 기타를 들고 참석하게 했다. 회의를 마치면서 직원 건의시간이었다. 그때 나는 손을 번쩍 들어 그녀를 향해 기타 노래를 청했다. 그녀가 망설임 없이 기타를 들었다. "오늘도 걷는다마는 정처 없는 이 발길……." 기타 소리는 힘

차건만 '나그네 설움' 노래 가락은 눈물이 뚝뚝 떨어지도록 구슬펐다. 그녀 아버지의 첫 번째 애창곡이란다. 기타 소리에 따라 직원들이 점점 합창을 하기 시작했다. 세상에나, 이렇게 이쁜 효녀가 또 있으려나. 그녀가 몹시 부러웠다.

그 뒤로, 나는 귀고리를 아무리 많이 달고 있어도 '센언니'로 보지 않기로 했다.

제4부

어느 소녀에게 바친 사랑

어느 소녀에게 바친 사랑

어려서부터 나는 집안일을 많이 했다. 일찍 혼자된 엄마를 돕는 일이 당연하다고 생각했다. 그런 나를 남편삼아, 자식삼아 의지하는 엄마의 모습 때문에 잠시도 엉뚱한 생각을 할 수가 없었다. 시간만 나면 농 정리며, 빨래며, 마루 밑으로 물을 퍼부어 마당까지 대청소를 했다. 집안일을 대충 다 하고나면 마루에 엎드려 책을 읽곤 했다.

방학이 끝나가는 여름날 오전, 이 방 저 방 뒤져서 빨랫감을 찾아

냈다. 마당 한 가운데서 반바지를 입고 두 다리 사이로 빨래 다라이를 놓고 퍼질러 앉았다. 소풍 갈 때 들고 다니던 카세트로 신나는 노래를 틀어 놓았다. 노래 한 소절 따라 부르고 빨래 한 번 치대고, 또 따라 부르고 치댄 빨래를 옆 다라이로 풍덩 골인도 시켰다. 아무도 보는 이 없다 싶어 마당이 들썩거리도록 고래고래 노래를 따라 불렀다. 고음이 나올 때마다 몸을 흔들면 빨래는 더 잘 치대어졌다. 바로 그때였다. 대문 우체통 사이로 눈동자 같은 것이 반짝거렸다. 인기척이 있다가 사라졌다가 반복했다. 순간 아차! 싶었다. 그가 온 듯했다. 비명을 지르며 반사적으로 마루 위로 뛰어 올라갔다.

여고시절 그를 처음 만났다. 동갑내기인 그는 체격이 아담하고 키는 나보다 한 뼘쯤 더 컸다. 건네 오는 말씨가 조용하고 따뜻했다. 단정한 두발, 빳빳한 교복 깃이 항시 다림질해서 입고 다니는 차분한 차림이었다. 그런 그에게 마음이 뺏겨서 매일 만나다시피 했다. 그가 학생임에도 주변의 눈을 피해 가며 영화를 보러 가자고 왔던 것이다.

『저 하늘에 태양이』 영화는 실화를 바탕으로 만든 슬픈 사랑 이야기로 많은 관객들을 울렸다. 주인공 지일 킨몬트는 국가 대표 스키 활강 선수였다. 지일은 미모와 실력을 겸비해서 스포츠계에 스타로서 사랑을 받았다. 그러나 불행하게도 시합 도중에 벼랑으로 떨어져 하반신 마비의 장애인이 되었다. 실의의 나날을 보내던 그녀는 산악학교 교사를 만나 사랑하면서 새로운 인생을 맞이한다.

그것도 잠시, 눈보라가 치던 날 사랑하는 애인까지 비행기 사고로 죽는다. 나는 이 장면에서 여주인공과 같이 소리 없이 울었다. 그녀는 입술을 깨물면서 어떤 슬픔이 닥쳐오더라도 꿋꿋이 살아갈 것을 재차 다짐한다. 한 사람의 좌절과 희망을 담담하게 그려낸 영화로 수십 년이 지났지만 장애를 극복하던 주인공의 강한 의지력이 내 마음 안에 남아있다.

그는 영화관을 나오면서 나에게 주인공처럼 꿋꿋하게 자라라며 제법 어른스럽게 토닥거렸다. 언제 잡았는지 그의 손안에 내 손이 잡혀 있었다. 당황하여 손을 빼려했지만 그는 내 손을 놓치지 않았다. 가슴이 마구 뛰었다. 이렇게 보드랍고 따뜻하고 통통한 손을 왜 한 번도 내어주지 않고 숨겼냐고 했다. 악수하려고 손을 잡으면 뿌리치고 달아나서 손바닥에 사마귀라도 있는 줄 알았다면서 놀렸다. 영화 덕분에 낯선 남자 손을 처음으로 잡았다.

영화를 본 다음날이었다. 우리는 영화 속 주인공 이야기를 도란도란 나누며 길을 걷다가 도청교 아래로 내려가 앉았다. 별빛에 반짝이는 은은한 물가에서 그는 사진을 건네면서 자니허튼의 '어느 소녀에게 바친 사랑' 노래로 프러포즈를 해왔다. 노래가 끝날 무렵이었다. 날카로운 호루라기 소리가 몸을 오싹하게 만들었다. 그곳이 우범지대였고, 특별 단속반에게 걸렸던 것이다. 우리는 순간적 사인을 주고받으며 양쪽으로 갈라서 자리를 피했다.

얼마나 지났을까. 풀밭 쪽으로 피하던 중 나는 주변이 잠잠해서 도로 위로 살살 올라갔다. 맙소사, 호랑이 얼굴을 한 방범대원이 턱하니 버티고 서 있었다. 단속 기간이라 일이 간단치가 않았다. 벌벌 떨면서 손바닥에 열이 나도록 빌었지만, 자신은 피도 눈물도 없는 지독한 대원이라며 기어코 나를 앞장 세워 파출소로 데려갔다.

다행히 죽으라는 법은 없었다. 때마침 자전거에 함께 타고 오던 청년 두 명이 잡혔다. 당시에는 자전거 합승이 경범죄에 해당되었다. 정신을 바짝 차렸다. 두 마리 토끼를 잡으려는 단속반의 욕심에 잠시 틈이 생겼다. 그 순간을 틈타 나는 반대쪽으로 줄행랑을 쳤다. 화가 난 호루라기 소리가 멀리까지 찢어지게 따라왔다. 신발을 벗어 거머쥐고 죽는 힘을 다해 달렸다.

눈물 콧물 범벅으로 우리가 처음 만났던 장소로 갔다. 아니나 다를까 잠시 후에 그가 무사히 나타났다. 왜 그렇게 생고생하며 도망

갔냐고 물었다. 나는 괜찮지만, 남의 집 귀한 아들까지 잡혀가게 할 수가 없어서 무슨 수를 내서라도 달아날 각오였다며 울먹였다.

걷기를 좋아했던 우리는 땅거미가 일면 만나서 학교, 집, 장래 이야기를 하며 걸었다. 그 중에서 빠지지 않고 했던 이야기가 진로 문제였다. 내가 더 이상 진학이 어렵다고 생각할 시점에서 용기와 희망을 담은 얘기를 주고받았다. 나는 엄마에게 할 수 없는 속을 그에게 많이 내보였다. 어떻게 생각하면 부끄러운 사이인데도 왠지 편안하고 의지가 되었다.

영화를 본 후로 우리는 더 친해졌다. 화려한 꿈을 가진 발랄한 여학생 지일처럼, 어려운 여건을 극복하고 교사 자격증을 획득한 그녀처럼 훌륭한 선생님이 되라고 당부를 했다. 지금은 어렵겠지만 잘 견디라는 뜻으로 받아들였다. 불행한 사고를 당한 지일에게 매일 용기를 북돋아 준 애인 뮤엑이 그랬듯이 그는 나에게 꿈을 주었다. 영화를 보고나서 그의 뜻을 알게 된 나는 생각만으로도 마음이 부풀었다.

학생 신분으로 이성을 사귀기가 어려운 환경에도 그를 놓치지 않았던 것은, 나의 처지를 알고 용기를 준 그 마음이 참으로 든든했기 때문이다.

잊지 못할 크리스마스

토요일, 아침밥을 먹다가 옛날이야기가 나왔다. 남편이 군복무를 하고 있을 때 면회를 갔던 추억이 떠올랐다. 나는 언제나 그날의 아련한 추억을 가슴 깊이 품고 있었다. 이따금 혼자서 꺼내 보곤 했는데, 나도 모르는 사이 오늘따라 그 사연을 남편에게 말했다. 바닷가 오두막집에 살고 있는 아버지와 딸이 보고 싶다고.

그렇게 고마운 사람을 당장 만나러 가자고 했다. 간단하게 가방을 쌌다. 혹시나 늦으면 자고 올 수도 있었다. 원피스 한 장을 넣고 화장품도 챙겼다. 미니 아이스박스에 물, 포도, 커피를 담았다. 내일부터 전국에 비가 온다고 하니, 마당에 널어놓은 고추며 나물을 안으로 들여놨다.

추억의 여행이다. 남편은 옛 생각이 나는지 넌지시 미소를 지었다. 그날에 있었던 옛이야기를 감동 드라마처럼 세세하게 다시 들려주었다. 군산시 옥구군에 있는 교회 이름은 '옥구교회' 일게다. 교회 가까이에서 아버지와 단둘이 살던 그때 아가씨는 지금쯤 이순이 훌쩍 넘었겠다. 만나면 첫 인사를 어떻게 할까, 상상의 나래를 펼치며 음악을 틀었다. "못 찾겠다 꾀꼬리 꾀꼬리 …." 하필이면 못 찾겠다는 노래가 나와 얼른 꺼버렸다.

도착해서 보니 '어은교회'였다. 수십 년이 지났건만 아직도 아담한 예배당 모습 그대로 바닷가에 서 있었다. 삼각 지붕 위에 까만 종이 대롱대롱 달려있는 교회가 햇살을 쪼고 있었다. 골목이 반듯하게 구획이 지어져 있는 것이 단정했던 그녀의 모습이 느껴졌다. 눈대중으로 보아 교회에서 군대 초소까지는 걸어서 십 분 거리였다.

무려 삼십오 년 전이다. 남자는 샛노란 은행잎이 하염없이 떨어지는 시월에 입대했다. 훈련소를 무사히 마친 새까만 이등병 어깨로 충실히 군 생활을 하다가 상병을 달자마자, 다시 한번 더 논산훈련소로 차출되었다. 한 번만도 힘들다는 훈련소를 두 번씩이나 들어가게 된 운명의 남자는 '육군하사'라는 계급을 받아 발령받은 곳이 군산 옥구읍에 있는 바닷가 부대였다.

배치받은 후, 첫 면회를 간 날이 크리스마스 이브였다. 군산행 열차 꼬리 칸에 앉아서 눈 내리는 창밖을 바라보는 내 가슴은 벅차기만 했다. 군산역에 도착하니 눈이 무릎까지 와 있었다. 마을버스를 타고 어렵게 들어갔으나 오후 늦은 시간이라 면회가 신청되지 않았다. 다음날에 다시 오겠다며 초소에 있는 당번 군인에게 신신당부하고 돌아설 수밖에 없었다.

아득했다. 머나먼 낯선 곳에서 무릎까지 올라온 눈 때문에 안 오는 건지 못 오는 건지 버스는 대답이 없었다. 눈 내리는 하늘을 원망하듯 쳐다보던 중 바로 아래 작은 마을이 보였다. 교회 지붕 꼭대기에서 빨간 별이 마을을 빛내고 있었다. 순간, 하나님께 의지해야겠다는 생각이 스쳤다. 교회 문 안으로 조심스레 들어갔다.

상상과는 조금 다르게 크리스마스 행사가 소박했다. 어쩌면 다행이라는 생각이 들었다. 교회에서는 외지의 사람을 손님으로 맞아

주었다. 나는 청년회로 안내받았다. 열 명 정도의 청년회원 모두가 낯선 나를 반겼다. 최고의 반가운 손님이라며 악수를 청하고 박수를 쳤다. 속으로 하나님께 고맙다는 말을 계속했을 정도로 마음이 편안했다.

새벽이 되었다. 골목마다 캐롤송이 울려 퍼졌다. 나도 어은교회 청년들을 따라다니며 집집마다 사랑과 축복을 전했다. 마지막 집을 돌고 나서 이제는 어떻게 하나 잠시 고민하는 찰나, 언니뻘 되는 아가씨가 약속이나 된 듯이 나를 데리고 집으로 갔다. 아버지와 단둘이 살았다. 방 두 개 사이에 마루가 있는 아늑한 어촌 집이었다. 마루 한쪽에는 김이 칸칸이 재어져 있었다. 김 양식을 한다고 했다. 인기척 소리에 큰 방에서 그녀의 아버지가 나왔다. 교회 손님이라는 간단한 인사만 듣고도 반갑게 작은방으로 손짓했다.

다음 날 아침, 검정콩밥에 미역국 그리고 김 반찬으로 따뜻한 밥상을 받고서는 아쉬운 작별을 했다. 직접 채취한 김까지 선물로 받았다. 대문을 나서서 가는 나를 한동안 지켜보는 부녀의 모습은 다른 나라에서 온 사람 같았다. 마치 천국에서 꿈을 꾸고 나온 느낌이었다. 하룻밤 사이에 평생 잊을 수 없는 인생여행이었다.

군산시 옥구읍 어은리에 작은 교회가 있다. 교회 옆에 텃밭을 일구는 할아버지에게 오래전 그날의 상황을 물었다. 어렴풋이 기억나는 듯, 아버지는 돌아가셨고 그 딸은 인근 군부대 군인하고 결혼하여 이곳을 떠났다고 했다. 멍하니 어은교회를 바라보니 혈육을 만난 듯 기쁘건만, 늦었다는 생각에 마음이 무겁다.

선배이자 스승이다. 나와 같은 처지의 사람을 만나면 그녀처럼 꼭 그렇게 하리라 다짐했다. 지금껏 살아오면서 가끔 그날을 떠올리면 어떠한 교육보다도 잊을 수 없는 체험이었다. 언젠가는 꼭 만나리라.

멀리서 저녁 종소리가 느릿하게 번진다.

주례

그녀와는 오랜 친구다. 어릴 때부터 찰떡처럼 붙어다니다가 결혼을 해서도 줄곧 왕래한다. 뿐만 아니라 부부끼리 가끔씩 식사도 하고 산에도 오르며 가깝게 지낸다. '술과 친구는 오래 묵을수록 좋다'고 하던가. 아옹다옹 다투다가도 까르르 웃고 다니던 까만 단발머리가 초로의 언덕에서 꽃노을을 나란히 바라본다. 세상 모든 것이 변해도 우리 우정은 변치말자며 약속한 대로 질긴 인연이다.

살랑살랑 봄바람이 일던 이십 대였다. 어쩌다가 그녀에게 남자를 소개했다. 그 자리에 나도 따라 나갔다. 호텔 커피숍에서 인사를 나누고 인근에 있는 식당에서 늦은 저녁을 먹었다. 좀 촌스럽긴 했지만 특별한 메뉴가 없어서 따로국밥을 시켰다. 하지만 국밥만큼이나 첫 만남의 분위기는 수더분했다.

그 후로 두 사람은 몇 번의 만남이 있었다. 그런데 옆에서 가만히 지켜보니 진도가 영 나가질 않았다. 여자가 먼저 연락을 하면 남자는 대체로 수동적이었다. 선 본 남자가 돌아가신 아버지를 많이 닮았다는 그녀의 미련 섞인 말에 나는 신경이 쓰였다. 혹시 첫 만남에서 따로국밥을 먹어서일까, '따로'라는 말이 자꾸 마음에 걸리면서 별 생각이 다 났다. '중매 보고 기저귀 장만한다.'는 농담처럼 일을 너무 서두르는 것도 탈이겠지만, 청춘 남녀가 결혼을 조건으로 수차례 만났으면 가타부타 말이 있어야 하지 않겠는가.

일 년쯤 지났을 때였다. 남자는 객지에서 형제끼리 살고 있는 오남매의 맏이로서 어지간히 신중했던 모양이었다. 그렇게 뜸을 들이든 남자가 갑자기 적극적인 반응을 보였다. 글쎄, 그녀가 누구하고도 잘 어울리는 무던한 사람인 걸 알았을까. 어질고 착한 품성에 넘어왔을까. 어쨌든 그녀의 결혼 준비는 일사천리로 진행되었다. 나

역시 중매쟁이로서 신바람이 났다.

한세월이 흐른 뒤, 우리 부부는 그녀 남편이 경영하는 회사에 놀러 갔다. 넓은 공장 안에는 직조기 소리가 기차 화통을 삶아 먹은 것처럼 요란하게 움직였다. 기계들이 겁나게 날아다니건만 인적이라고는 개미 새끼 한 마리도 없었다. 모든 것이 자동 시스템이라는 듯, 그녀 남편은 혼자서 백여 대 기계를 군을 통솔하는 대대장처럼 주시하고 있었다.

그는 '일당백'이었다. 직접 기계를 조립도 하고, 제품을 생산해내고, 판로를 뚫어 납품까지 하는 전천후사장이었다. 중간중간에 기계가 툭 서면 쫓아가서 다시 돌리고, 말썽을 부리면 기계를 분해해서 손을 본 후 재가동시켰다. 기계들은 투정을 부리다가도 그의 손길만 닿으면 순식간에 전속력으로 현장을 내달렸다. 날실의 틈으로 씨실이 왔다갔다 정신없이 춤추는 베틀이나, 동에 번쩍 서에 번쩍 신들린 듯 뛰어다니는 사람이나 모두가 마술을 부리는 것 같았다.

그는 초로의 나이에도 자신감으로 가득 차 있었다. 기계를 세우는 날도 없고 아파야만 쉬는 날이었다. 마치 망망대해에서 꿋꿋하게 홀로 해내고 있는 '노인과 바다'를 떠올리게 했다. 그 와중에도 금방 짜낸 산업용 천막을 뚝 잘라서 두르르 말아 방문 기념으로 안겨주었다. 야외 돗자리로 최고라며 말끝마다 입가에는 웃음이 묻어났다. 그의 총각시절을 가만히 되돌아보면 선보러 나왔을 때도 싱글싱글 웃는 얼굴이었다.

새파란 나이도 아닌데 도대체 저런 에너지는 어디서 나올까. 오랫동안 전념한 기술을 이어가려는 장인정신일까. 끝까지 자신의 일을 지키려는 자존심일까. 아니면 노모와 처자식 때문일까. 버티는 모습이 아니라 끈기와 인내로 이겨내고 있었다. 아무리 힘든 일도 끝이 있다지 않는가. 정년을 앞둔 사람들의 유행어처럼 '잘 버는 사람도 계속 일하는 사람을 못 당한다.'는 이 말이 그에게 맞았으면 좋겠다.

남편은 집으로 돌아오는 길 내내 입을 다물지 못했다. 그의 열정이 하늘도 감동하겠다고 했다. 지금껏 살면서 저토록 부지런한 사람은 처음 봤단다. 이 사람이야말로 산업현장을 지키는 성실한 애국자라며 국가가 상을 주어야 한다고 말했다. 나는 대답 대신 선물로 받은 군복 빛깔의 천막만 쓰다듬었다.

몇 달 후, 그녀가 아들의 결혼 주례를 남편에게 부탁해왔다. 소식을 전해들은 남편은 흔쾌히 승낙했다. 내 자식을 결혼시키는 것처럼 기쁘다며 좋아했다. 그녀는 나의 중매로 결혼을 했었고, 아들을 장가보내면서 내 남편에게 주례를 부탁했으니 이런 인연이 또 있을까.

친구 아들이 장가를 가는 날이다. 신랑을 만나러 신부대기실로 갔다. 주인공들이 사진을 예쁘게 찍고 있었다. 신랑은 나를 보자마자 반갑게 인사하며 허리를 깊이 숙였다. 결혼식에 주례를 맡은 남편이 신랑의 손을 잡고 결혼을 축하했다.

남편은 결혼식에서 주례사를 천천히 읽었다.

"신랑 문창용 군은 아버지의 아주 성실한 성품을 유전적으로 닮아 장래가 촉망되는 부지런한 젊은이입니다. 특히, 오늘 신랑의 어머니와 제 아내는 오랜 친구입니다. 그런 친구의 아들 결혼식에 주례를 보게 되어 감회가 남다릅니다. 마치 제가 아들을 장가보내는 것 같아 가슴이 뭉클합니다."

주례를 하다가 멈칫 신랑 얼굴을 보면서, 더도 말고 덜도 말고 꼭 자네 아버지만큼만 열심히 살아주기를 바란다며 주례의 마음을 전했다. 결혼식에 온 하객들은 우리의 깊은 인연을 아는 듯, 큰 박수를 한참 동안 보냈다.

성혼선언문에 꾹꾹 눌러 쓴 주례의 이름 석 자가 인증샷이다.

찜찜한 양심

동생의 얼굴이 발그레했다. 길에서 돈 만 원을 주웠단다. 주운 돈을 들고 어쩔 줄 모르다가 구내식당 조리원 손에 쥐어 드렸다고 했다. 그녀는 물손으로 얼른 받아 주머니에 쏙 집어넣고 어린아이 마냥 좋아했단다. 동생은 돈도 돈이지만, 대낮에 길거리에서 버젓이 돈을 주웠다는 게 신기한 모양이었다.

동생은 이상할지 모르지만 내 눈에는 돈이 쉽게 띄었다. 벤치에 앉아 놀든지, 계단을 오르내리든지, 혹은 새벽길을 걸어도 돈이 내 눈앞에 잘 띄었다. 실눈을 뜨고 멍하게 걸어도 동전이 발밑에서 걸렸다. 어떤 날은 뛰다가 엎어졌을 때 눈앞에서 오백 원짜리 동전이 보였다. 이렇게 돈이 주위에서 맴돌다보니 별 우스운 생각이 들었다. '오늘 돈 한 푼 주워볼까?' 마음을 먹으면 대략 반은 성공이었다.

신혼집을 번화가에 얻었다. 술집이 밀집되어 있는 시내 길이었다. 아침 출근길은 누구나 바쁘다. 나 역시 아침마다 뛰다시피 버스 정류장으로 향했다. 발을 재촉하면서 눈은 사방을 살피며 걸었다. 거의 하루도 빠짐없이 동전을 주웠다. 아마도 전날 밤 애주가들의 주머니에서 흘러나온 듯했다. 어떤 날은 돈 줍는 꿈을 꾸듯이 여기저기 돈이 떨어져 있는 횡재도 만났다. 그럴 때는 누가 지켜보는 것 같아 심장이 콩닥콩닥 거렸다.

물론 공치는 날도 있었다. 그러나 포기하지 않고 지각을 하는 한이 있어도 집으로 돌아가서 다시 찬찬히 훑으며 걸었다. 그러면 하다못해 십 원짜리, 오십 원짜리 동전이라도 발견이 됐다. 사정이 이르니 돈을 줍는 기쁨 때문에 한 동안 이사도 하기 싫었다.

한번은 연말 모임을 마치고였다. 친구와 함께 막차를 타야해서 목에 숨이 차도록 지하철 계단을 뛰어 내려갔다. 몇 칸을 내딛는 찰나, 계단 위에 만 원짜리가 소복이 놓여 있었다. 번개같이 줍고 또 다시 뛰었다. 곧 출발하려는 지하철을 붙들다시피 올라탔다. 막차여서인지 사람들이 제법 많았다. 숨 돌릴 겨를도 없이 쥐고 있던 돈부터 폈다. 이만 원이었다. 나누기도 좋아서 친구와 반반 가졌다. 우리 둘은 웃으면서 손을 꼭 잡았다.

어느 날, 동네 마트 앞에서 차를 세웠다. 차문을 열고 발을 내리는 땅바닥에 천 원짜리 서너 장이 나풀나풀 흔들렸다. 차 문에 가린 상태여서 누가 볼 틈도 없었다. 나는 유유히 돈을 주워 펴서 지갑에 넣었다. 그러고는 버릇처럼 동생에게 바로 이 사실을 알렸다. "이제는 잔돈까지 붙네." 라며 부러움을 타는 동생에게 알리는 것이 약 올리는 재미였다.

돈을 주울 때마다 지인의 후회 섞인 한숨이 생각난다. 삼십 년도 더 된 대학 시절에 늘 붙어다니던 삼총사가 있었다. 그들은 공중전화 박스 안에서 시퍼런 지폐 몇 장을 발견했다. 먹성이 한창인 세 사람은 보자마자 의기투합하여 고기부터 사먹고 말았단다. 양심은 찔렸지만 돈을 보는 순간 자유로울 수가 없었던 모양이다. 그 후로, 일이 있을 때마다 부끄럽게 생각난다고 했다. 한 번의 실수로 평생 후회하게 될 줄은 꿈에도 생각하지 못했단다.

사람은 열두 번도 더 바뀐다고 하지 않는가. 그때의 삼총사는 다행히 불량 어른은 되지 않았다. 기도하는 스님이 되었고, 사회를 이끌어가는 일꾼이 되어 있다. 하나님도 부처님도 용서를 했는지 아니면 한번 쯤 눈을 감아주었는지 모르지만 다행히 그들은 각 분야에서 열심히 살고 있다.

예전에는 나 역시 주운 돈을 어떻게 해야 하나, 찜찜할 때가 많았다. 먼저 줍는 사람이 임자라는 마음은 아니었어도 내 마음을 애매하게 자극했다. 물론 파출소에 가져다주거나 주운 자리에 잘 보이도록 그대로 두면 되겠지만 주인을 찾기에는 어려울 것 같았다. 어찌 보면 한갓 변명에 지나겠지만 그때는 그랬었다. 길에서 주운 낱돈 정도야 괜찮겠지 하는 생각으로 잠시 나를 잊고 살았다. 요즘 같으면 어림도 없다. 목돈 경우에는 당연히 신고를 할 것이고, 낱돈이면 사랑의 모금함에 넣는다.

찜찜한 양심이 참 오래간다.

한라산 다람쥐

남편과 둘이서 제주도로 휴가를 갔다. 장마가 막 끝나기도 무섭게 한반도가 폭염에 휩싸인 날씨였다. 제주는 워낙 멀어 그냥 갈 수 있는 곳이 아니므로 삼복더위에도 불구하고 한라산 등반을 계획했다. 한라산 홈페이지에 들어가서 점검한 결과, 운이 나쁘게도 한라산에서 가장 힘든 코스인 관음사 탐방로 외에는 모든 산행길이 보수공사로 차단되었다.

살짝 겁이 났다. 앞서 다녀온 사람들이 머리를 죄다 흔든다는 관음사 등산로를 상상만 해도 걱정이 되었다. 출발 시간이 다가오자 마음은 더 소심해지고 말수도 줄었다. 아무리 힘든 산행이지만 전국이 불타는 폭염만 아니어도 이 정도로 고민할 내가 아니었다. 젊었던 때부터 산을 자주 다녔기에 나는 어떤 산이든 예사로 다녔다.

아침 일찍, 등산코스가 시작되는 주차장 한쪽에 차를 대었다. 해발 1500미터인 삼각봉대피소에 오후 2시까지는 도착해야만, 백록담까지 가는 구간을 통과할 수 있다는 안내를 받았다. 가슴이 두근거려 화장실로 들어갔다. '시작했으니 끝을 봐야지.' 중얼거리며 거울 속 나에게 한 번 씨익 웃어 주었다.

어느 산악회에서 얻은 별명을 떠올렸다. 한때는 산을 잘 타고 산을 잘 즐긴다는 뜻에서 내 별명이 산다람쥐였다. 산다람쥐라는 부적을 가슴에 넣고 뭔가를 도전한다는 비장한 각오가 생겼다. 등산화 끈을 다시 힘껏 묶었다. 신발을 조금 고쳤을 뿐인데도 땀이 났다.

아직 햇살이 퍼지지 않은 관음사코스는 한동안 산책길 느낌이었다. 소요 시간을 대강 계산하면서 기념 사진도 찍었다. 군데군데 안내판이 설치되어 있어서 등반 예상 시간을 알 수 있었다. 백록담까지 오르는데 6시간, 내려오는데 4시간, 중간에 휴식까지 포함하면 총 산행은 10시간이 넘었다.

초록색 안내판에 이어 노란색으로 표시된 구간이 끝나자 빨간색이 나타났다. 등산 지도상 빨간색은 3시간 이상 걸리는 가파른 돌계단, 나무계단 길이었다. 삶에서 오르막과 내리막을 만나듯이 계단을 넘고 나면 또 다른 공포의 계단이 나타났다. 관음사 등산로에서도 가장 가파른 길이었다. 한 계단 한 계단 도를 닦는 심정으로 천천히 오르건만 습도가 너무 높아 숨이 가프고, 다리가 후들거려 발을 떼어 놓기가 힘들었다. 산은 말없이 수많은 인내를 요구했다. 주위를 보니 다양한 연령대의 사람들이 사우나에서 방금 나온 얼굴처럼 벌겋게 부었다. 잠시만 멈추어도 산모기가 웽웽 달라붙어 꿀맛 같은 휴식은 엄두도 못 내었다. 자신과의 싸움에 불붙은 사람들이 가파른 길을 오르면서 서로 힘내자며 격려했다. 그런 와중에 구름이 이불처럼 덮으면 혹여 백록담을 못 볼까 봐 겁이 덜컥 났다. 높이 오를수록 맑은 안개가 산봉우리처럼 따라다녔다.

막판 속도를 내어 돌계단에 올린 다리가 달달 떨릴 때, 어디에선가 한 줄기의 바람이 불어와 사방이 환해졌다. 허옇게 드러낸 바위 앞에 천 년이 됨직한 뼈대의 구상나무 군락을 만났다. 그들을 보니 왠지 절개가 느껴져 마음이 숙연해진다. 옛날 옛적부터 무리지어 앙상하게 서 있는 것은 정상이 가깝다는 증거다. 임을 만나듯 무지 반갑다. 그때, 남편이 계단 모퉁이에 앉아 빗을 꺼내 머리를 빗었다. 백록담을 알현하려면 몸부터 단정하자는 농담이었다.

드디어 산꼭대기 모습이 서서히 드러났다. 문적문적 부서지는 안개가 마법처럼 대자연을 열었다. 정상에 올라서자 무장해제 되는 바람이 온몸으로 불어왔다. 하늘은 맑고 바람은 향기로웠다. 이 기분을 오래 머금고 싶어 한마디도 떼지 않았다. 제주도의 보물이 아니라 우리나라의 보물이었다. 한라산에 올라 백록담을 5초 보려고 2시간을 기다렸다는 친구의 말이 문득 스쳤다. '온전히 보려면 삼대가 내리 덕을 쌓아야 된다'는 백록담을 향해 살금살금 발을 옮겼다.

'아, 여기가 백록담이구나!' 백록담은 고요한 얼굴을 하고 있었다. 자연이 빚어낸 퇴고적 숨결이 신기할 만치 평화로웠다. 백록담이 건네는 첫 인사가 내 마음을 한없이 차분하게 했다. 백두산 천지처럼 물은 가득하지 않았지만, 남한에서 제일 높은 산꼭대기에서 하늘을 통째로 품고 있었다. 품안에는 터줏대감인 노루가 움직이고, 그들의 식수인 듯 생명의 웅덩이도 있었다. 물가에서 어미를 따라다니는 아기노루를 보다가 갑자기 꼬맹이 아들 말이 생각나서 피식 웃었다.

이십 년도 넘은 이야기다. 직장 동료가 큼직한 귤 같은 것을 내주머니에 쏙 넣어 주었다. 요번에 제주도에서 처음으로 개발해서 수확한 희귀한 과일인데 맛이 기가 막힌다는 거였다. 이름은 '한라봉'이라 했다. 귀한 것을 혼자 먹을 수가 없어서 집으로 가져왔다. 저녁을 먹은 후 식구들을 모아놓고 "짠! 이게 뭘까?" 하면서 들은 대로 설명을 하고 두 쪽씩 나눠 먹었다. 그런데 다음날, 아들 녀석이 유치원복을 입다가 그 맛이 다시 생각났는지 "엄마, 어제 그 백록담봉 또 얻어와." 하는 것이었다. 어린 것이 한라봉이란 말은 잊어버리고 발음이 더 어려운 '백록담봉'으로 말이 툭 튀어 나왔다. 하기야, 나도 그때의 달콤새큼한 백록담봉을 잊은 적이 없다. 그 정도로 어린 아이의 머리에서도 백록담의 명성은 컸다.

백록담의 터줏대감 노루 가족을 눈에 넣고 하산 길로 내려왔다. 다시 계단을 한 시간쯤 내려왔을까. 저기 산발치에 비슷한 연배로 보이는 여인이 혼자서 땀을 뻘뻘 흘리며 올라왔다. "힘내세요, 정상에 가면 아직 사람들 많아요." 먼저 다가가 말을 건넸다. 죽을맛인 양 쩔쩔매는 표정이 불과 몇 시간 전 내 모습과 흡사해서 보기에도 안쓰러웠다.

그러자 언제 나타났는지 구조대원이 헐레벌떡 올라왔다. 마지막으로 아주머니 한 분이 올라갔다고 한라산관리사무소에 무전을 치면서 보고를 했다. 관리사무소에서는 현장시간을 체크하면서 철저히 관리를 하는 것 같았다. 무전기를 삑삑 울리며 구조대원이 뒤따라 올라가는 것을 보고서야 안심이 되었다. 산이 얼마나 좋았으면 험한 산을 여인 혼자서 왔을까. 외롭게 산행을 하는 여인의 모습이 자꾸만 생각났다.

열 시간도 더 넘어서야 아침에 출발했던 주차장에 당도했다. 화장실부터 찾았다. 거울 속에 웃는 중년 여인이 홍시처럼 익었다. 살짝 겁나는 마음으로 시작한 산행이었지만, 뿌듯한 성취감이야 말할 것도 없고 백록담을 가슴에서 두고두고 꺼내 볼 생각을 하니 피로감이 싹 달아났다. 그토록 꿈꾸던 선물 같은 산행이었다.

삼복더위 산다람쥐에게 멋진 선물을 하나 주리라.

삿포로의 겨울 풍경

새해를 맞이하여 가족과 함께 삿포로 여행을 갔다. 그곳은 겨울이 몹시 길었다. 우리나라 계절에서 보면 겨울이 앞뒤로 한 달씩 더 있어, 다섯 달 정도 되었다. 소문대로 심심하면 눈이 내려 천지를 뒤덮은 새하얀 도시였다.

렌트한 일본 자동차의 운전대는 오른쪽이었다. 한국말로 간결하게 길을 안내하는 내비게이션에 집중했다. 가이드를 맡은 딸이 조수석에 앉고 국제면허증을 발급받은 남편은 운전대를 잡았다. 운전대 위치가 반대이니 모든 게 어색했다. 탑승한 일행의 운전 경력을 가만히 손가락으로 합해보니 100년 가까이였다. 보나마나 이번 여행은 배가 산으로 올라가게 생겼다.

일본차 운전의 경우에 좌회전은 작게, 우회전은 크게 도는 게 요령이었다. 우리는 방향 변경이 있을 때마다 차안에서 "작게! 크게!" 약속이나 한 듯이 목을 빼고 합창을 했다. 또 우리나라에서 "열시방향, 좌회전입니다."를 여기서는 "비스듬히 왼쪽" 이라고 간결하게 안내했다. 운전자보다 탑승자들이 더 긴장되었다.

콩알만 한 여유도 없을 때였다. 중앙 분리대가 있는 큰 도로에서 우회전을 했다. 아주 크게 돌아야 하는데 그냥 크게 도는 바람에 역주행의 불상사가 일어났다. 불을 켜고 마주 오는 차량을 보면서 모두가 혼비백산이 되었다. 다행히 눈을 삽질하던 노인이 이를 보고 다가와 우리 차를 갓길로 안내했다. 편도4차선 도로에서 1차선으로 역주행을 했으니 금방 관광객으로 알아본 듯 인사까지 하면서 친절하게 도왔다.

삿포로는 해가 없으면 무조건 눈이 내렸다. 도심 한복판에서 엄마가 아이를 썰매에 태우고 볼일을 보며 끌고 다니는 모습이 재미

있었다. 시내 중심가뿐만 아니라 골목 여기저기에 자리한 눈무덤은 보면 볼수록 명물이었다. 이처럼 많은 눈이 내려도 자동차나, 사람들은 그러려니 하는 것 같았다. 하얀 눈 위를 한 발 한 발 도장을 찍으며 걸었다. 발목까지 움푹 빠지는 눈을 밟으면서 평생 밟을 눈을 여기서 다 밟겠다 싶었다.

첫날은 기대했던 비에이의 나무들을 보러갔다. 푹푹 빠지는 눈길을 곡예사처럼 헤치고 크리스마스나무를 제일 먼저 만났다. 나무에는 문패 같은 이름이 있었다. 하얀 언덕위에 탑처럼 우뚝 서 있는 당당한 모습이 지금껏 본 크리스마스트리 중에서 단연 으뜸이었다. 겨울이면 어김없이 홀로 나타나는 이 곳의 크리스마스나무가 세계인들을 불러들였다. 누구라도 이 나무를 배경으로 사진을 찍으면 포대자루를 덮어써도 화보처럼 패션이 되었다.

이곳 시골마을 비에이의 사람들은 눈(雪)을 보물이라 했다. 눈 덕분에 물이 깨끗해지고 채소와 과일이 풍성해진다며 입을 모았다. 간간히 바람에 솟아오르는 눈은 빛이 되어 흩어지는 풍경이 한 편의 영화장면 같았다. 순백의 언덕이 없다면 나무가 무슨 대수일까. 아무리 둘러봐도 어느 누구도 들어간 흔적이 없는 눈밭, 흠집 하나 없이 펼쳐진 하얀 사유지들이 최고의 관광작품이었다. 눈으로 덮여진 지평선 하얀 언덕을 하염없이 바라보았다.

나무들은 광고에 등장하면서 더 많이 알려졌다. 캔과 메리의 나무라고 이름이 붙은 미루나무를 만났다. 미루나무는 닛산 자동차 광고에 등장한 것으로 당시 주인공들의 이름이 캔과 메리였다고 했다. 떡갈나무인 세븐스타나무 역시 세븐스타 담배 광고에 나오면서 유명세를 탔다. 조그만 담배 광고 하나도 놓치지 않고 관광자원으로 십분 활용하는 일본의 치밀함에 새삼 놀랐다.

다음으로 간 곳은 오야코나무였다. 오야코는 부모와 자식을 나타내는 일본말로 '가족나무'라고 불렀다. 나무를 그렇게 심은 건지 아니면 자연스럽게 생겨난 것인지 모르겠지만 나무 세 그루가 마치 부모와 자식처럼 보인다 하여 붙여진 이름이었다. 가만히 바라보면 벌거벗은 두 나무 사이에서 작은 나무 하나가 발발 떨었다. 겨울의 가족나무는 행복해 보이지 않았다.

비에이 중심가에는 건물마다 지붕 아래 표기된 건축 연도가 눈에 들어왔다. 1915, 1947, 1977 등 영업 시작의 연도를 보면서 일본의 장수기업 비결인 가업승계가 엿보였다. 배가 출출해 밥을 먹으려고 들어간 식당은 1997년에 문을 열었다. 일본식당에서는 유창한 영어 실력보다 오히려 간단한 단어가 더 잘 통했다. 주문을 마치고 홀을 둘러보니 군데군데 많은 사람들이 식사를 하고 있었다. 그런데 분명 대화를 하는 모습이건만 말소리가 새 나오지 않았다. 조용하면서 서정적인 분위기를 보고, 불과 몇 시간 전에 렌트카 안에서 싸움닭처럼 시끌시끌했던 내가 민망했다.

눈은 밤새 쌓이고 아침에도 푹푹 내렸다. 아침밥을 먹으러 삿포로 숙소 근처에 있는 해산물 시장으로 갔다. 여행의 재미 중 하나는 먹거리를 맛보는 것이다. 사람이 북적거리는 재래시장은 세계 어느 곳이나 활기가 넘쳤다. 상인들이 곁불에 몸 녹이라는 눈짓을 하면서 각종 해물을 소개했다. 시장을 돌면서 서서 먹는 초밥집 앞에 다가갔다. 허술한 한 평짜리 안에서도 가업으로 이어지는 듯 모자간에 일머리가 착착 맞았다. 우리나라에는 아쉽게도 노포老鋪가 잘 없다. 다들 식당해서 돈 벌면 자식 판검사 시키겠다지 않는가. 추위에 떨고 있는 우리에게 따끈한 물에 녹차가루를 풀어주었다. 노모가 내미는 찻잔을 한 손에 들고, 아들이 만든 초밥을 간단하게 먹었다.

다음날, 다시 맛집 스시집을 찾았다. 다행히 일본의 불황으로 물가가 내려서 부담도 없었다. 즉석에서 스시를 만드는 요리사들의 손놀림을 구경하느라 눈이 바빴다. 그러던 중, 내 앞에 있는 머리가 허연 요리사의 거북목이 눈에 들어왔다. 목 근육과 인대가 늘어난 듯 거북의 목처럼 앞으로 구부러진 모습이었다. 평생 동안 매달린 직업병 같았다. 어디 그뿐이랴, 오십견은 왜 없고 만성피로는 왜 없겠는가. 나는 마음이 짠했다.

여행을 하루 남겨두고 온천을 찾았다. 밤새도록 쌓인 눈 때문에 고속도로가 통행금지 되었다. 꼭 가보고 싶었던 노보리베츠 유황온천과 지옥계곡의 길이 막혀버렸다. 폭설의 날씨를 예사로이 보는 이곳 사람들 표정 때문에 덩달아 담담했다가 일이 꼬였다. 도로 눈길에 복병처럼 뛰쳐나온 빙판 때문에 차가 미끄러져 비명을 질렀다. 괴성 소리에 더 놀랐다고 발끈하는 운전자에게 소리는 이럴 때 지른다고 맞수를 놓았다. 그런데 신기하게도 도시 전체가 폭설이건만 사고가 한 건도 발생하지 않았다. 만약 이 상황에서 우리가 사고를 낸다면 국제 망신이겠다는 생각이 들었다. '오늘도 무사히' 기도가 나도 모르게 새나왔다.

함박눈이 지칠 줄 몰랐다. 결국 외곽지 진입을 포기하고 삿포로 시내에 있는 온천마을로 차를 돌렸다. 못내 아쉬움을 온천물에 담그니 온몸이 녹아내렸다. 담장 너머 남자 노천탕을 올려다봤다. 하루아침에 핸들 위치가 바뀌어도, 미끌미끌한 빙판길에서도 안전운행을 해준 운전자에게 하트를 올려 보냈다. 노천탕에서 눈을 맞으며 돌 위에 쌓인 흰 눈을 두 손으로 떠서 얼굴 마사지를 했다. 뽀드득 거리는 소리가 최소한 십 년은 탱탱해졌으리라.

마지막 날 아침에 운전자가 사준 커피를 한잔 했다. 서로 한마디씩 소감을 말했다. 일본에 올 때마다 느꼈던 점이 삿포로에서도 예외가 아니다. 첫날 호텔에 들어섰을 때에도 있을 것만 있는 간결한 분위기며, 열 번 만나면 열한 번 인사를 하는 그들이다. 눈 내리는 도로에서 약속이나 한 듯이 자동차 경적소리도 울리지 않았고, 대중이 모이는 곳에서는 큰소리 한번 내지 않았다. '목소리가 크면 카리스마는 작아진다'고 하던가. 봉창 두드리는 소리 같지만, 일본은 얄미울 정도로 빈틈이 없다.

삿포로의 풍경이 떠오른다. 그들의 시민의식을 대하고 나면 일본을 다 본 느낌이다. 아무리 생각해도 일본은 멀리하기엔 너무 아까운 나라다.

최초의 수학여행

전국적으로 한파가 들이닥쳐 전국이 꽁꽁 얼었다. 이런 맹추위에 여행을 간다니 식구들은 걱정을 했다. 매년 정초가 되면 초등학교 동기회에서 여행을 간다. 졸업한 지 수십 년이 되었다. 어릴 적 친구들과 여행을 갈 때마다 내 생에 첫 수학여행이 가물가물 떠올라 웃음이 나온다.

사십여 년 전, 두 해 선배인 동네 언니가 경주로 초등학교 수학여행을 다녀왔다. 언니는 몇 날 며칠을 시간만 나면 골목에 쪼그리고 앉아서 돌멩이로 경주를 그렸다. 뒷동산만 한 무덤을 그려놓고 그것이 옛날 왕의 무덤이라고 했다. 그것도 한두 개가 아니고 여기저기 수두룩하게 있다는 것이다. 그리고 수학여행을 오가는 기차 안에서 춤도 추고 목청 높여 노래를 불렀다며 목이 쉬어 김새는 소리가 자꾸 나왔다. 얼마나 많은 추억을 쌓았던지 여행기를 이야기하다가도 연방 하늘을 올려다보며 컥컥 소리 내어 웃었다. 마지막 당부도 잊지 않았다. 꼭 다음에 수학여행을 가면 유행하는 노래와 춤을 배워 가라고 했다.

실컷 듣고 나서 나는 거짓말 하지 말라고 했다. 어떻게 삽으로 무덤을 산처럼 만든단 말인가, 그리고 수백 년이 지난 무덤이 아직도 살아있단 말인가, '서울 다녀온 사람보다 안 다녀 온 사람이 우겨서 이긴다'는 말처럼 거짓이라고 했다. 도저히 못 믿겠으니 이년 후에 여행가면 내가 직접 확인을 해보겠다고 했다.

그 후 이년이 지났다. 눈치껏 한 달 전부터 엄마를 졸랐다. 수학여행을 가지 말라니 청천벽력이었다. 이번에는 아버지의 벌이가 시원찮아 쪼들린다는 이유였다. 난생 처음으로 맞이하는 초등학교 수학여행이었다. 정 안 되면 앞으로도 처음이자 마지막으로 여행을 마치겠다며 매달렸다. 만만한 엄마의 치맛자락이 새까맣게 되도록 잡아당긴 끝에 허락을 받았다.

이 년 동안 꿈꾸어 온 수학여행이었다. 일단, 동네 언니가 이야기해 준대로 한 칸에 한 반씩 타고 열두 칸의 긴 기차로 기적소리 울리며 출발했다. 처음 타보는 기차여행이었다. 차창 밖의 가로수와 사람들의 뒷걸음질 치는 모습이 구름처럼 둥둥 떠다녔다. 외가에 갈 때 탔던 시외버스와는 완전히 맛이 달랐다.

담임선생님의 간단한 주의사항이 있은 후, 드디어 오락 시간이 되었다. 그동안 계획한 내 솜씨를 뽐낼 기회였다. 박수를 치고 합창을 하는 데까지는 시작이 무난했다. 어른들처럼 술을 먹지 않았는데도 놀다 보니 자연스레 홍이 올랐다. 여러 명이 자리에서 일어나서 신명을 떨자 나도 자리를 박차고 일어났다. 동네 언니에게 배운 대로 남진의 흉내를 내었다. 텔레비전에 나와서 춤을 추던 인기가수를 생각하면서 연습했던 대로 똑같이 가사에 맞게 흉내를 내었다.

예상 밖의 함성소리가 터져 나왔다. 무엇보다 내 자신에게 내가 깜짝 놀랐다. 살다보면 일이 술술 풀리는 날이 있듯이, 그날따라 노래가 잘 나오고 춤도 그럴싸하게 시늉을 냈다. 염소처럼 떨면서 "오

~~ 그대여 변치마오…….” 팔을 쭉 뻗어 한 남자친구를 가리키며 변치 말라고 유혹을 했으니 지명당한 친구의 얼굴이 홍당무가 되었다. 한참을 놀다가 좀 쉬려고 자리에 앉으면 친구들이 다시 일으켜 세우곤 했다. 수학여행 기차 안에서 반 친구들의 호감을 한 몸에 받으니 자신감이 생겨 어깨가 으쓱거렸다. 또한 어떤 일이든 연습을 하면 잘할 수 있다는 것을 알았다. 공부도 그토록 복습했더라면 아마 전교 일등은 무난했으리라. 그야말로 내 생에 꿈같은 수학여행이었다.

본래의 내 성격은 밝은 편이었다. 그러나 학교에서는 있는 둥 없는 둥 한 조용한 아이였다. 어린 마음에 생각해봐도 크게 내세울 것이 없었다. 공부를 잘하는 것도 아니요, 엄마의 치맛바람이 부는 것도 아니요, 인기 있는 예쁜 얼굴도 아니었다. 그런저런 이유로 주눅이 들어 미리 움츠렸다. 학급에서는 내가 있는지도 몰랐다.

여행에서 돌아와 동네 언니를 찾아갔다. 그때의 언니처럼 나도 목이 쉬어 살금살금 보고를 했다. 경주에는 대감 집처럼 새까만 기와집들이 즐비하고, 시내 신작로 옆에까지 산만한 무덤이 실제로 있더라고 했다. 그렇게 큰 왕릉들인데도 잔디가 하나같이 매끌매끌하게 다듬어져 있었다. 너무나 깨끗한 옛 도시였다. 또 하나 신기한 것은 여자들이 자전거를 아주 잘 타더라는 것, 당시의 자전거는 남자들의 전유물로만 알았다. 그리고 신혼여행 온 신혼부부들이 왕릉 앞에 비스듬히 앉아 부둥켜안고, 뽀뽀도 하며 사진을 찍는데 내가 부끄러워 혼났다고 했다.

나의 여행기를 듣던 언니는 지난 여행길이 생각나는지 대답 대신 연신 고개를 끄덕였다. 언니를 의심해서 미안한 마음도 전할 겸, 시키는 대로 노래와 춤을 연습해서 우리 반에서 인기가 최고였다고 자랑했다. 무엇보다 남학생들에게 은근 인기가 많았다고 밝혔다. 비결은 언니 덕분이라고 했다.

지금, 나는 여행을 누구보다도 좋아한다. 한 번의 긴 여행보다 가까워도 자주 가는 것을 더 즐긴다. 하마터면 못 갈뻔했던 수학여행에 대한 기억 때문인지 몰라도 기회가 생기면 두 팔 걷고 나선다. 그때 버릇이 지금까지 이어져, 여행을 갈 때는 미리 계획하여 일행들에게 즐거움을 주려고 준비한다. 그런 여행은 내 마음이 먼저 만족한다.

해도 해도 너무하다

며칠 사이에 겨울이 성큼 들어왔다. 찬바람이 겁나서 이쪽저쪽 문을 꽁꽁 닫았다. 문을 닫고 깨를 볶았더니 고소한 향이 집안에 가득했다. 올해도 남편이 대장 내시경을 예약했다. 사나흘 전부터 가벼운 식사를 했다. 피해야 할 음식은 곡류와 견과류, 채소류도 있다. 매년 겪는 일이지만 채식주의자인 남편은 예약일이 다가오면 좋아하는 야채를 먹지 못해 더 안달이다.

특히 남편은 신선한 배추쌈을 좋아했다. 아니나 다를까 내시경을 하려면 이틀이나 남았으니 쌈을 좀 달라고 사정을 했다. 애원하는 눈빛이 천생 어린아이가 사탕 달라며 보채는 형색이다. '먹고 죽은 귀신이 때깔도 곱다'고 큰 인심을 쓰듯 배추를 푸짐하게 내어주었다. 배추를 된장에 꾹 찍어 와작와작 소리 내는 모습이 천하를 얻은 듯 건강해 보였다.

아침에 흰죽을 끓였다. 내시경 검사 전날의 식사는 묽은 흰죽이었다. 쌀을 씻어 죽을 쑤는데 팔이 저렸다. 꾀가 살살 났다. 네이버 양에게 물으니 간단하게 대안을 제시했다. 밥을 지은 후에 쌀뜨물을 부어 다시 끓이니 시간도 단축되고 팔도 아프지 않았다. 일은 닥치면 요령이 생기는 모양이다.

예전, 허약해진 엄마는 매일 죽을 먹었다. 엄마의 입맛을 살펴가며 올케가 끓이는 죽은 아주 다양했다. 매 끼마다 죽을 차리는 것이 대단하다고 추켜세우니 올케는 자꾸 하다보면 어렵지가 않다고 했다. 갑자기 흰죽 하나 끓이면서 쩔쩔매는 내가 우스웠다.

실컷 먹은 쌈 배추 덕분인지 남편은 기분이 꽤 좋아보였다. 올해 대장내시경 검사 결과는 끄떡없을 거라고 큰소리 쳤다. 남편은 몇 년째 대장에 용종이 있었다. 검사를 할 때마다 달구새끼가 알 품듯이 노른자 같은 것이 올망졸망 붙어 있었다. 매달린 혹이 해마다 조금씩 줄어들고는 있으나, 무슨 자신감인지 모르지만 이번 검사가 마지막이 될 거라며 호언장담했다. 검사를 앞두고 자신만만해하는 모습을 보니 덩달아 내 마음도 가벼웠다.

검사 전날에 남편은 병원에서 받아 온 물약만을 마셨다. 나는 저녁상 차릴 일이 없으니 갑자기 할 일이 없어졌다. 할 일이 없으면 깨를 볶는 버릇이 있다. 미뤄두었던 참깨부터 볶았다. 톡톡 튀는 참깨 냄새로 온 집안이 고소했다. 절반은 깨소금으로 찧었다. 깨소금 냄새에 코가 실룩거리면서 기분이 들떴다. 이왕에 궁중 팬 열기가 남았으니 들깨도 볶았다. 창고에 넣어두었던 깨들이 전부 춤을 추었다.

들깨를 볶고 보니 떡 본 김에 깨강정이 생각났다. 들깨에 노란 잣을 한 줌 넣고 설탕과 조청으로 버무렸다. 그것을 틀에 담아 소주병으로 납작하게 굴렸다. 네모, 마름모꼴로 쓱쓱 썰어서 쟁반에 담았다. 한 놈을 깨물어보니 입에 짝 달라붙었다. 맛도 모양도 앙증스러워 대만족이었다.

그때였다. 화장실을 들락거리던 그가 힘없이 어슬렁어슬렁 주방으로 걸어 나왔다. 소복이 담아놓은 깨강정을 보더니 "해도 해도 너무하다. 독사 독 올리느냐." 며 화를 벌컥 냈다. 달달한 깨강정을 좋아하는 남편이기에 앞에 놓인 강정을 보자 고꾸라질 듯 휘청거렸다. 죽 한 그릇으로 수십 번 화장실을 들락거리는 사람 앞에서 '아이쿠!' 싶었다. 더군다나 깨 같은 씨앗 종류는 절대 먹지 말아야 하는 음식이 아닌가.

'눈치가 빠르면 절간에서도 젓국을 얻어먹는다'고 했다. 대장내시경 준비로 물만 먹고 있는 사람 앞에서 눈치코치도 없이, 집 안에 있는 깨란 깨는 다 꺼내어 볶았으니, 그것도 모자라 깨강정까지 만들어 약을 올렸으니, 이 일을 어쩌랴. 눈치 없는 것도 병이다.

내가 생각해도 이번 일은 해도 해도 너무했다.

지리산, 종주하다

지리산 종주는 수시로 생각난다. 지리산 골짜기가 TV 화면에 초록바다로 일렁이고, 군데군데 너럭바위가 나타나면 그냥 눕고 싶은 마음이다. 끝없이 펼쳐진 산골짜기의 풍광은 가히 우리나라 최초의 국립공원으로 지정될만하다. 또 오르고 싶다.

일 년 전부터 친구들이 모여 지리산 종주를 하자며 의기투합했다. 곧바로, 한 달에 한 번씩 만나서 종주를 향한 전지훈련을 차질

없이 진행했다. 친구들 열정은 대단했다. 팔공산, 천황산, 재약산, 가야산, 치악산에서 여덟 시간씩 걷는 체력을 다졌다. 개개인의 힘은 미약해도 팀을 형성하면 무엇이든 성공하게 된다는 것을 전지훈련에서 체험했다. 어렵게 신청된 산장 예약 때문에 중산리를 시작점으로 하여 천왕봉을 거쳐 성삼재까지 역종주 산행이 계획되었다.

연둣빛 오월, 연휴가 시작되던 날이었다. 아침 여섯 시에 전지훈련으로 체력이 준비된 친구들은 '지리산 종주를 위하여!'라는 현수막까지 펼치며 파이팅을 다짐했다. 자신과의 싸움이 필요한 길을 떠나는 길목에서 친구의 남편은 안전한 산행을 부탁하며 피로회복제를 넣어주었다. 친구들의 면면에서도 종주의 자신감을 짐작할 수 있었다. 우리들은 아낌없는 가족의 배웅을 받으며 무사귀환을 약속했다.

산행대장을 중심으로 중산리에서 등산화 끈을 단단히 조여 매었다. 어제까지 비가 내리던 하늘도 우리를 도왔다. 눈부신 봄 햇살을 맞으며 산에 오를 준비는 완벽했다. 코딱지만큼의 무게라도 줄이기 위해 중산리 주차장에서 종주를 위한 출발의 건배와 양식 한 끼를 미리 먹었다. 출발 한 시간 만에 칼바위에서 산장의 사정으로 두 팀이 나뉘어 로터리와 장터목으로 헤어졌다. 내일이면 합류할 친구들에게 무슨 이산가족 보듯이 보이지 않을 때까지 손을 흔들었다.

산행은 애초부터 노동의 길이었다. 겨우 시작인데, 과부하가 일어난 배낭 짐으로 어깨와 뒷목에 경련이 일어났다. 결국 등줄기까지 뻿뻿이 짓눌려 허리를 펼 수가 없었다. 남자라는 이유로 표현도 못하는 친구들은 더 했다. 매끼마다 해 먹일 무거운 짐을 등에도 메고 가슴에도 걸고 고통을 애써 감추며 올라갔다. 코끼리 다리처럼 혼신을 다해 한 발 한 발 올랐다. 쩔쩔매는 뒷모습에 어찌나 마음이 애처롭던지.

첫날 저녁, 장터목산장에 도착했다. 세수 불가로 얼굴은 물휴지로 닦았으며, 최소한의 물 사용으로 밥 짓는 것만 허용되었다. 그리고 치약 없는 양치질을 처음으로 해봤다. 등산복을 입은 채 푸른 담요 한 장으로 발이 추워서 잘 수가 없었다. 산장의 규정대로 소등이 일찍 되었으나 뇌가 전투중이니 어디 잠이 오겠는가. 잠을 청하는 중에 옆 사람이 몸부림을 치다가 내게로 넘어왔다. 그 덕분에 내 다리가 얼마나 시원하던지 한 번 더 부탁하고 싶을 정도였다.

그러나 어디 좋은 일만 있으랴. 이번에는 천둥소리를 내며 코를 골더니 그것도 모자라 나의 목을 껴안고 귀에다 바짝 대고 골았다. 이래저래 할 수 없이 아픈 다리를 끌고 나가 쏟아지는 지리산의 새벽별을 남몰래 기다렸다.

목조건물 산장의 외풍은 전설의 고향에서나 들을 수 있는 귀신바람 소리였다. 산장 밖에는 안개비가 부슬부슬 내려앉아 골짜기 깊이를 알 수 없는 희뿌연 연막 속이다. 죽은 고목을 휘감는 비바람 소리가 산짐승인 줄 알고 주저앉고 말았다. '삼대가 덕을 쌓아야 볼 수 있다는 천왕봉 일출'을 기다리는 지리산 산장의 첫날 밤은 하얀 뜬눈이었다.

로터리 산장에서 새벽 세 시에 출발한다고 연락이 왔다. 이쪽에서도 서둘렀다. 예상치 못한 기상이변으로 눈바람이 휘몰아쳤다. 준비해 온 옷을 몇 장씩 겹겹이 온몸에 말았다. 마지막으로 우의를 꺼내 입었다. 약속 시간이 얼추 비슷하게 천왕봉 근처에서 합류했다. 애석하게도 일출을 보는 것은 고사하고 정상 주변에는 단 일 초도 머물 수가 없었다. 오월 초순의 산꼭대기 바람은 상상을 초월한 동지섣달 한파였다. 피부 끄트머리에 동상 현상이 일어나고 몸이 날아가려는 위협을 느꼈다. 몰아치는 강풍으로 관자놀이가 욱씬거렸다. 그때 한 친구가 갑자기 손가락 감각이 없다며 몸부림을 쳤다. 앞 다투어 친구의 시퍼런 손가락을 교대로 뱃속에 넣어주며 '암탉이 알 품듯' 손을 품었다. 우정이 바로 모정이었다. 일출은 못 봤지만 지리산 꼭대기에서 모정을 체험했다.

이튿날 새벽 2시, 벽소령 대피소에서 옆 사람이 깰까봐 조심조심 일어났다. 남자 친구들이 밤을 새웠는지 그 시간에 구수한 흰죽을 끓여 놓았다. 어릴 적 아플 때 엄마가 끓여주었던 하얀 사발의 죽이었다. 코펠로 한 그릇씩 죽을 받아들자 옛 생각이 나서 실웃음을 지었다.

언젠가 중국 여행 할 때에 현지 음식의 짙은 향 때문에 제대로 식사를 할 수가 없었다. 그러던 중 아침 호텔식 한 쪽 코너에서 하얀 흰죽이 눈에 띄었다. 속이 니글니글하던 차에 흰죽을 보는 순간, 임이라도 만난 듯 반가웠다. 예나 지금이나 쌀로 쑨 흰죽은 몸과 마음 모두를 소화시켰다.

앞마당에서 마음을 다잡는 하이파이브를 외치고 세석산장 쪽으로 산행이 시작됐다. 찬바람을 맡으며 하늘을 올려다보니 새벽별들이 다닥다닥 타고 있었다. 하늘의 별들이 지리산 지붕 위에 한도 끝도 없이 펼쳐졌다. 꼭두새벽에 지리산 골짜기에서 별빛을 이고 걷는다는 것이 어디 흔한 일인가. 다리가 무겁고 몸은 뻐근해도 머리는 샘물처럼 맑았다. 가도 가도 남은 길이 더 길었지만 주거니 받거니 떠들고 노래를 부르며 걷고 또 걸었다.

먼동이 반가울 때, 노고단 쪽에서 넘어오는 일가족을 만났다. 백주에 밋밋한 산에서 사람을 만나도 반갑다고 인사하며 지나건만, 이런 깊은 곳 새벽녘에 다른 일행을 대하니 미리 일러줄 말이 많아 다들 반색을 했다. 미처 예상 못한 강추위에 사내아이 손이 꽁꽁 얼어 있었다. 우리는 누가 먼저랄 것도 없이 장갑을 벗어 겹겹이 끼웠다. 그리고 손을 꼭 감싸주었다. 아이의 불끈 쥔 주먹이 스르르 풀렸다.

세석평전에서 부대찌개로 점심을 먹고 다시 산행을 시작했다. 지리산 산속은 상상 이상이었다. 한량없이 펼쳐진 산골짜기와 집채만 한 너럭바위들은 지리산이기에 가능했다. 골짜기 길에는 춘하추동이 아우러져 있었다. 봄나물이 숨어있는지 봄 향기가 올라왔고, 발밑에는 아직도 낙엽이 쌓여 있었다. 밖에는 계절의 여왕 오월이건만 이곳은 물 흐르는 소리 없고, 벌레소리도 멈추고 적막하기까지 했다.

마지막 날, 물이 풍부하다는 연하천에 당도했다. 그 곳에서는 마음 놓고 치약을 발라 양치질부터 시원하게 했다. 입안의 향기가 어느 누구와도 당장 뽀뽀를 해도 좋겠다는 조크에 한바탕 웃으며 피로를 풀었다. 몇몇이 무릎이 약간 상했을 뿐, 친구들 건강은 까딱없었다. 노고단에서 성삼재까지는 반 시간 거리, 오십 대가 지나가버리기 전에 도전해보고 싶었던 지리산 종주가 드디어 눈앞으로 다가섰다. 능선의 긴 바람이 머리카락을 시원하게 쓸었다.

성삼재에서 종주의 피날레를 장식했다. 사관생도들처럼 스틱으로 아치를 만들어 액자 속에 장식할 사진을 찍었다. 우선 뒤풀이로 지리산 온천에서 심신을 녹였다. 지리산의 정기가 배었을 흑돼지를 안주로 잔을 내밀며, 저마다 가슴에 지닌 한마디를 외쳤다. 오십 줄에 인생의 전환점을 찍었다는 자신감, 오년 후에 회갑 기념으로 한 번 더 오자는 아쉬움, 돈으로 살 수 없는 우정을 확인했다는 감동, 결국에는 눈가가 촉촉해졌다. 접점 역할을 한 산행대장은 위험할수록 자기를 잘 믿고 따라와 준 친구들이 고맙다고 했다. 지리산 종주에 성공한 자신에게 그 대가로 포상을 하라는 미션이 떨어졌다.

마음이 통하는 친구들과 시작한 산행이었다. 백 리가 넘는 갈래갈래 산길을 완주한 친구들에게는 특별한 힘이 있었다. 견뎌온 끈기가 놀랍다. 위기를 만나더라도 몸이 먼저 반응했다. 울퉁불퉁한 바위에서 흰죽 끓였던 손으로 잡아주니 의지가 더 되었다. 서로를 위로하면서 숨소리도 알아버렸다. 따스한 말 한마디는 겨울밤보다 깊었다. 나보다 남을 먼저 생각하고, 돌볼 수 있는 씀씀이가 고마웠다.

귓전에 맴도는 웃음소리는 지리산에서 온 메신저가 아닐까.

파랑주의보

출발을 알리는 뱃고동 소리에 마음이 울렁인다. 배를 따라 하얀 갈매기들이 몰려다닌다. 그 녀석들의 여유로운 몸짓은 뭍에서 온 나에게 삶의 여유를 돌아보게 한다. 점점 다가오는 푸른 섬을 바라보니 가슴이 두근거린다. 섬에서 한 시간 남짓 걸리는 바닷길로 매일 출퇴근하는 사람들이 있다는데 얼마나 여유로울까.

욕지도로 가는 길이었다. 일월이면 친구들과 새해의 기운을 다지는 여행을 가끔 떠나곤 한다. 올해는 새해를 섬에서 맞기로 했다. 고등어회가 살살 녹는다는 욕지도에 닻을 내리자 '꼬신 커피 할매 바리스타' 간판이 눈에 들어왔다. 삼십여 년 전통을 이어가는 중국집도 보였다. 고등어 양식이 생업인 섬, '동네 개들이 놀 때도 고등어를 물고 돌아다녔다'는 옛 골목이 한가로웠다.

주말인데도, 이상하리만치 욕지도의 펜션들이 조용했다. 오십 줄에 들어 주책이겠지만 우리들의 천국이다 싶어 어깨가 절로 들썩거렸다. 펜션의 창으로 석양이 물든 저녁 바다를 바라볼 수 있는 이곳, 인생 후반을 자축하는 밤이었다.

펜션 거실에 쭉 둘러앉았다. 욕지도의 바닷길을 조각조각 나누어 이야기꽃을 피웠다. 어디에서나 입부터 즐거워야 마음도 신난다. 윤기가 좌르르 흐르는 과메기, 섬 강아지들을 죄다 모여들게 하는 삼겹살 연기, 시어른이 담았다는 이십일 년산 더덕주가 욕지도의 하룻밤을 한껏 부풀게 했다.

대문니에 까만 김을 붙이고 '영구 없다.' 원맨쇼 하는 친구를 보며 배꼽이 꼬이도록 웃었다. 학창 시절 추억이 올라오는 여고졸업반 노래가 새벽까지 섬 하늘 위로 둥실둥실 떠다녔다. 우리들만의 공간에서 하룻밤만 묵고 가기에는 아쉽고, 아깝고, 미련 덩어리였다.

다음 날 새벽, 기다리던 일출은 안중에도 없고 생각지도 못한 먹장구름만 천근만근이었다. 저 멀리 바다 가운데 정박되어 있는 고깃배의 깃발이 위급을 알리듯 산발을 하고 흔들었다. 배를 흔들어대는 한파의 바람 소리는 구름을 머금었다 토하기를 반복하더니 결국에는 눈발까지 흩뿌렸다. 욕지도에서는 웬만해서 보기 드문 희귀 날씨라고 했다.

파랑주의보가 떴다. 요동치는 파도가 아닐지라도 소형여객선은 바다로 나가지 못한다는 것이다. 졸지에 여행의 욕지도가 유배지로 탈바꿈했다. 친구들은 뭍으로 나가지 못하게 되자 입을 벌린 채 허공을 쳐다보면서 안절부절 했다. 또, 설마가 사람 잡았단 말인가. 티켓을 발권하는 과정에서 만에 하나 여객선이 결항될 수도 있다는 지나가던 말이 불현 듯 생각났다.

한동안 어색한 침묵이 감돌았다. 한 친구가 먼저 입을 열자, 기다렸다는 듯이 결항이 되면 안 되는 이유가 폭포수처럼 쏟아졌다. 직장의 중요한 회의, 긴긴 겨울방학을 끝으로 개학, 오사카 가이드 출발일, 부녀회장인 친구는 동네 행사 걱정, 자영업자의 부가세 신고 마지막 날, 하필이면 또 직장인에게는 회의가 있는 월요일이었다. 칼자루를 쥔 자연 앞에서는 모두가 꿀 먹은 벙어리였다.

꼼짝없이 갇히면서 얼굴이 가지각색이었다. 생각해보라. 이 나이에 직장 상사에게 포크로 콕! 찍혔다는 둥, 사장님한테 얼굴을 못 들겠다는 둥, 풀어야 할 개개인의 사정이 가득했다. 그럼에도 구구절절 걱정하는 모습들은 참 인간적이었다.

얼마쯤 지났을까. 팽팽하던 분위기가 서서히 안정을 찾았다. 하루 더 휴가를 즐긴다고 슬쩍 기뻐하는 복병도 보였다. 씩씩하게 인솔하다가 졸지에 순한 양이 되어 말이 없던 인솔자가 다시 마이크를 잡았다. 그예 하루를 더 머무는 일정이 시작되었다.

시간이 흐르면서 편안한 표정, 넉넉한 말솜씨, 적극적인 본연의 자세를 보였다. 한파의 결항이 무색할 정도로 다양한 프로그램을 각각 들고 나왔다. 한 친구가 힐링을 부르는 '건강박수' 레크레이션을 진행했다. 또 다른 친구는 '상식이란' 주제로 특강을 했다. 친구의 강의에서 상식이란? 그때, 그 상황에, 그 분위기에, 그리고 그 사람에게 잘 맞춰나가는 것이라며 이야기했다. 한마디로 '로마에 가면 로마법을 성실히 따르라'는 것이었다.

새해부터 한바탕 헤집은 다음 날, 푸른 바닷길이 열렸다. 무사 귀환하는 뱃머리에 올라 새우깡을 들고 갈매기에게 손가락 하트를 날렸다. 우리의 배는 뭍으로 둥실둥실 떠가고 욕지도는 서서히 바다

속으로 숨었다. 영화 같은 하루였다. '집 떠나면 고생'이란 말이 딱 맞았다.

사실, 여행을 떠나기 며칠 전부터 친구들 밴드에서는 시끌벅적했다. 형편상 도저히 못 가는 친구와 잘 다녀오겠다는 친구들의 수다였다. '새해 새 기운을 섬에서 가득 안고 와라', '우리 친구들 멋지다', '몸조심해라', '집 나가면 개고생이다.' 등 줄줄이 인사말이 올라왔다.

"그래, 고생하러 간다. 우리 개고생하고 돌아올게." 이 말이 문제였다. 말 한마디가 꼭 값을 할 때가 있다. 친구끼리 농담으로 흔히 주고받은 말에 덥석, 발목이 잡혔던 것이다. 그래서 예전에 어른들은 특히 '바다를 건너고 하늘을 날 때는 말조심을 하라'고 했다.

말했던 것이 사실대로 되었으니 말이 씨가 되었다. 말에는 각인성이 있다. 버릇처럼 입에 자주 올리면 그대로 행해진다. 우스운 얘기겠지만 자식을 나무랄 때도 "에이, 서울대학 갈 것아~" 하면 진짜로 그 대학에 가고, "빌어먹을 것아~" 하면 빌어먹으며 산다고 한다.

평소에 좋은 말을 습관화할 일이다.

최경하 수필집

동백 아가씨

인　　쇄 2023년 09월 15일
발　　행 2023년 09월 22일

지 은 이 최경하
발 행 인 서정환
펴 낸 곳 수필과비평사
주　　소 서울특별시 종로구 삼일대로32길 36(운현신화타워) 305호
전　　화 (02) 3675-3885 (063) 275-4000 · 0484
팩　　스 (063) 274-3131
이 메 일 essay321@hanmail.net
출판등록 제300-2013-133호
인쇄 · 제본 신아문예사

ISBN 979-11-5933-483-2 (03810)

값 13,000원

Printed in KOREA